EU의 통상정책

EU의 통상정책

EU와 주변 국가 간
통상정책의 변화와 현주소

신상협 외 4인 지음

EU TRADE POLICY

경희대학교 출판문화원

목 차

들어가며

제2차 세계대전이 종전된 1945년 이후 글로벌 통상환경은 크게 변화하고 있다. 시대별로 지금까지의 글로벌 통상환경 변화를 정리해보면 다음과 같다. 제2차 세계대전 종전 이후 가장 먼저 발생한 글로벌 통상환경에서의 변화는 크게 확산된 자유무역이었다. GATT체제하에서 8차례 진행된 통상협상라운드에서 모든 회원국이 논의한 사항들이 글로벌 통상환경의 변화를 잘 보여주고 있다.

2000년대에 자유무역으로 대표되던 글로벌 통상환경에 급격한 변화가 있었다. 보호무역의 확산, WTO 체제의 위기, 다자주의의 약화, 자국우선주의 강화, 중국의 부상, 코로나19의 확산으로 활성화된 디지털 통상, 기후변화 위기로 인해 많은 국가가 추구하고 있는 그린 경제로의 전환 등으로 글로벌 통상환경의 패러다임이 크게 변화하고 있다.

이런 변화들 속에서 EU의 통상정책에 어떤 변화가 있었고, 그 변화의 배경이 무엇이었는지를 이 책 1장에서 분석한다. EU의 통상정책을 좀 더 세밀하게 분석하기 위해서 이 책 2장, 3장, 4장, 5장에서는 미국, 중국, 일본, 그리고 한국, 4개 국가에 대한 EU 통상정책의 특징 등을 중점적으로 살펴본다.

이를 좀 더 자세히 살펴보면 다음과 같다.

1장에서는 국내, 국제 경제 여건과 글로벌 통상환경의 변화 등이 EU의 통상정책에 어떤 영향을 주었고, 이런 상황에 대응하여 EU가 그들의 통상정책을 어떻게 변화, 발전시켜 왔는지 살펴본다. 특히 2019년에 새롭게 출범한 EU 집행부가 2021년 2월에 "An Open, Sustainable and Assertive Trade Policy"라는 제목으로 발표한 EU의 신통상정책을 심층 분석한다.

2장에서는 EU와 미국의 통상 현황을 설명한다. 양측 간의 무역 관련 주요 이슈가 무엇인지, 트럼프 행정부 출범 이후 강화된 미국의 자국 이익 중심적인 통상정책에 EU가 어떤 통상정책으로 대응하고 있는지 등을 구체적으로 살펴본다.

3장에서는 EU와 일본의 통상 관계에 어떤 변화과정이 있었는지를 자세히 설명한다. 이를 통해 EU의 대일본 통상정책의 특징에 대하여 심층 분석한다.

4장에서는 한국과 EU 간 체결된 FTA가 양측 간 경제통상 협력에 어떤 영향을 주었는지, 그리고 EU 신통상정책과 한국에 대한 정책적 함의에 대해서 분석한다. 동시에 EU의 신통상정책이 한국에 주는 정책적 시사점에 대해서도 살펴본다.

5장에서는 EU와 중국 통상 관계의 변화과정과 변화의 이유, 그리고 EU의 대중국 통상정책의 특징에 대해서 구체적으로 살펴본다. 특히 최근에 변화된 EU의 대중국 통상정책의 수립 배경과 특징에 대하여 분석한다.

우리 저자들은 EU의 통상정책에 대하여 정확하고 깊이 있는 연구와 분석을 하기 위해서 많은 노력을 기울였다. 추후에도 더 많은 내용을 보완하기 위한 노력을 지속할 것이다. 끝으로 EU 통상정책에 관심을 갖고 공부하고자 하는 학생과 연구자분들에게 이 책이 조금이라도 도움이 됐으면 하는 바람이다.

2022. 10

경희대학교 국제캠퍼스 사색의 광장을 바라보며

신상협 경희대학교 국제대학원 교수

제1장

글로벌 통상환경 변화와 EU의 통상정책

신상협 경희대학교 국제대학원 교수

1. 글로벌 통상환경 변화

한 국가의 통상정책은 그 국가가 직면한 국내/국제 경제 여건과 글로벌 통상환경의 변화 등 대내외 요인을 반영하여 결정된다.

1945년 제2차 세계대전이 끝난 이후 글로벌 통상환경은 크게 변화해 왔다. 가장 큰 변화 중 하나가 제2차 세계대전 종전 후 선진국이 주도한 시장 확대 전략 실행으로 인해 글로벌 통상환경에서 크게 확산된 자유무역이라고 할 수 있다. 이런 변화는 관세 및 무역에 관한 일반협정(이후 GATT)의 통상협상라운드, 특히 마지막 6차, 7차, 8차 통상협상라운드에 잘 나타나 있다. 6차 협상인 케네디라운드(1964~1967) 기간에는 GATT 회원국들이 최초로 반덤핑관세에 대해서 논의하였다. 이는 관세 및 무역에 관한 일반협정체제하에서 행해진 관세율 인하 교섭 중 가장 큰 성과를 가져온 관세협상이다.[01] 7차 협상인 도쿄라운드(1973~1979)는 비관세 장벽(Non Tariff Barriers, NTBs)에 대해서 본격적으로 논의한 최초의 라운드였다. 8

01 한경 경제용어사전, https://dic.hankyung.com(검색일: 2022. 1. 5).

차 협상인 우루과이라운드(1986~1993) 동안에는 무역 관련 투자조치(Trade-Related Investment Measures, TRIMs), 무역 관련 지식재산권(Trade-Related Intellectual Properties, TRIPs)과 농산품 무역 등 다양한 의제에 대해서 GATT 회원국들이 논의하였다. GATT 회원국들, 특히 미국과 같은 선진 회원국은 불공정 무역을 제거하고 자유무역을 확산시키기 위하여 많은 노력을 기울였다.

2000년대에도 글로벌 통상환경은 급격한 변화를 보였다. 특히 최근 10년간 글로벌 보호무역주의, 중국의 부상, WTO(세계무역기구) 위기, 다자주의의 약화, 미국-EU, 미국-중국 간 통상갈등, 코로나19 확산, 디지털 통상, 그린 경제전환 등으로 글로벌 통상환경의 패러다임에 큰 변화가 있었다.

최근 급격히 변화하는 글로벌 통상환경하에서 통상문제가 이념, 안보, 환경, 사회, 노동, 인권 등 정당성과 공정성 문제와 연결되었다. 2008년 선진국에서 시작된 글로벌 금융위기로 촉발된 이 상황은 선진국과 개도국의 무역 불균형과 국내외 불평등, 일자리 문제와 직접 연결되어 있어 해결이 쉽지 않았다.

이런 상황에서 미국의 자국 우선주의와 보호무역주의가 점차 강화되었다. 미국은 전 세계를 상대로 거대한 무역흑자를 지속해서 기록하던 중국을 문제의 근원으로 지목하였다. 트럼프가 2017년 미국 대통령이 된 후 미국 정부에서는 안보와 신기술을 앞세운 무역전쟁으로 중국을 압박하였다. 2021년 새롭게 출범한 바이든 정부에서도 무역 문제와 함께 중국의 민주주의와 인권 상황까지도 문제 삼아서 중국에 대한 압박의 강도를 더욱더 높이고 있다.

최근 글로벌 통상환경의 변화를 좀 더 자세히 살펴보면 다음과 같다.

1) 중국의 부상: 신흥국으로 공급망 주도권 역전

생산비용을 절감하기 위해서 전 세계의 많은 제조 기업들이 중국으로 그들의 생산시설을 이전하였다. 이런 과정을 통해서 중국이 '세계 공장'이라는 별칭을 얻을 정도로 전 세계 제조업의 중심국가가 되었다. 이를 바탕으로 중국은 지난 10여 년간 높은 경제 발전을 이루었다.[02]

2) 미-중, 미-EU 간 무역 경쟁: 다자주의 약화, 자국 우선주의 강화

최근 수년간 급격하게 이루어진 기술 발전과 급격한 세계화로 많은 국가, 특히 선진국에서 생산성 제고와 효율적인 경제 성장을 이뤘다. 그러나 이런 변화에 뒤처진 개인과 공동체가 양산됨에 따라 개인과 공동체 간 불평등이 심화되었다. 또한 세계화로 인한 불평등 문제에 각국 정부들이 효과적으로 대응하지 못하자 그로 인한 불만족이 많은 나라에서 자국 우선주의와 반이민 정서로 나타났다.[03] 이로 인해 국제 사회에서 다자주의가 많이 약화되었다.

미-중 분쟁은 전통과 신통상의제 다층 영역에서 갈등하는 구도로 상품보다는 서비스, 서비스보다는 첨단 기술, 디지털 등 신통상 분야에서

---

02 중국은 2015년 7%, 2016년 6.8%, 2017년 6.9%, 2018년 6.7%, 2019년 5.9%, 2020년 2.3%, 2021년 8.1%의 높은 경제성장률을 기록하였다.

03 Stiglitz, J. E.(2017), "Globalization and Its Dicontents Revisited: Anti-Globalization in the Era of Trump," W.W. Norton & Company.

치열하다. 세계 최고의 정치-경제 대국인 미국이 국제 사회에서 영향력을 강화하여 미국의 권위와 영향력에 대한 중국의 도전을 견제하고, 이에 대해 중국이 반격하는 미국과 중국 간의 치열한 패권 경쟁은 경제 이슈와 안보 이슈의 결합으로 확대되었다. 이런 상황에서 많은 국가가 경제 논리가 아닌 외교와 안보 등, 비경제적 논리를 고려해서 글로벌 공급망을 재편하고 있다.[04]

다자주의 약화는 미국과 EU 간 통상 및 안보 분야 갈등으로 연결되었고, 미국과 중국 간 무역 분쟁을 발생시켰다. 2017년에 미국 대통령이 된 트럼프는 북대서양조약기구(NATO) 방위비의 미국 측 비중을 대폭 낮추었다. 또한 EU로부터 수입하는 철강, 알루미늄 등에 각각 25%와 10%의 높은 관세를 부과하였다. 이에 대한 대응조치로 EU도 미국으로부터 수입하는 대표적인 미국 제품인 리바이스 청바지, 할리 데이비슨 오토바이 등에 대해 같은 세율의 높은 관세를 부과하였다. 이로 인해 미국과 EU 양측의 관계에 우호적이지 않은 움직임이 일어났다.[05] 트럼프 대통령이 중국의 부상을 견제하기 위해서 관세 및 비관세 장벽 강화와 제조업 본국 귀환 등의 조치를 시행하였고, 새로 출범한 바이든 정부에서도 이런 정책을 지속할 것으로 예상된다.[06]

---

04 신원규, p. 2, 2021.

05 European Parliament(2020. 9. 29), "Geopolitical implications of the COVID-19 pandemic," p. 11.

06 Pisani-Ferry. J.(2020. 9. 29), "Trump's international economic legacy," Bruegel Blog, https://www.bruegel.org/2020/09/trump-international-economic-legacy.

3) 디지털 통상: 코로나19의 전 세계적 확산

급속도로 발전한 인터넷 환경으로 전통적인 국제통상 흐름이 빠르게 디지털화하고 있다. 2020년부터 지구상의 거의 모든 국가에서 창궐하고 있는 코로나19 확산으로 인해 전 세계적으로 전자상거래 규모가 크게 성장하였고, 디지털 기술을 활용한 상품 서비스가 급증하는 등 디지털 통상시대가 글로벌 통상환경의 새로운 패러다임으로 자리 잡았다.

디지털 대전환은 서비스 상품과 기존 제조업의 생산, 유통, 품질 관리, 판매 등 생산의 전 단계에 구조적인 변화를 가져왔다. 일부 제조업의 경우는 이미 구조적인 변화가 일어나고 있다. 이러한 변화로 그간 글로벌 통상환경에서 효율성 중심으로 운영되었던 글로벌 가치사슬(Global Value Chain, GVC)에서 각 단계의 편익이 재구성되었다. 이렇듯 디지털 대전환은 미-중 통상전쟁으로 인해 이미 진행 중이던 글로벌 가치사슬의 지리적 재편을 보다 안정적이고 소비자 중심 형태로 변화시키고 있다.[07]

코로나19의 전 지구적 확산으로 비대면 온라인 비즈니스와 경제사회 전 영역에서 디지털 대전환이 더 빠르게 진행되고 있다. 코로나19의 확산으로 기존에 진행되던 글로벌 가치사슬의 재편이 가속화하는 양상을 보이고 있다.[08]

현재는 글로벌 가치사슬의 고도화 · 글로벌화가 이루어져 글로벌 기

---

07 신원규, p. 5, 2021.

08 European Parliament(2020. 9. 29), "Geopolitical implications of the COVID-19 pandemic," https://www.europarl.europa.eu/thinktank/en/document.html?reference=EXPO_STU%282020%29603511(검색일: 2021. 3. 17).

업체계가 형성 · 발전하였다. 코로나19 발생 후 위기 대응 차원으로 각국 정부들이 개입하면서 전 세계적으로 보호무역주의 기조가 강화되는 추세이다. 이런 변화 속에서 많은 국가가 핵심기술-품목의 공급망 확보 필요성을 특히 많이 인식하고 있다.

양자, 복수, 다자의 다층적 구조로 느리게 진행되던 WTO 전자상거래 협상과 디지털 무역에 대한 국제규범 논의도 2021년 G7 회의[09] 이후로 좀 더 신속하게 진행되고 있다.[10] 2022년까지 전 세계 GDP의 65%가 될 정도로 디지털 경제 관련 부가가치가 증가할 것으로 예상되며, 지속 가능한 성장에 디지털 전환의 필요성을 크게 인식하고 있다.[11]

디지털 경제로의 전환과 함께 기후변화로 인한 위기도 글로벌 통상환경에 급격한 변화를 가져오고 있다. 2015년 파리기후협정[12] 당시 기후변화 위기에 대응하기 위한 전 지구적 협력에 대한 합의가 이루어졌다. 이 합의에 따라 많은 국가가 산업, 노동, 에너지, 수송, 건축 등의 분야에서 친환경적 구조로 전환하기 위한 노력을 기울이고 있다.

---

09 영국의 콘월에서 진행되었다. 이 회의의 공동성명 초안에 인권-홍콩 이슈와 함께 중국의 불공정 무역 관행이 언급되었다. 중국에 대하여 G7 정상들이 이렇게 명확하게 비판의 목소리를 낸 것은 처음이다. https://namu.wiki/w/2021년%20G7%20콘월%20정상회의, 2022. 2. 23.

10 신원규, p. 2, 2021.

11 IDC(2020. 10. 29), https://www.idc.com/getdoc.jsp?containerId=prUS46967420&utm_medium=rss_feed&utm_source=Alert&utm_campaign=rss_syndication(검색일: 2022. 3. 18), 장영욱 · 오태현(2021) 재인용.

12 2015년 12월에 1997년 교토의정서를 대체하기 위해서 채택된 기후변화협정이다. 2021년 1월 1일부터 적용되고 있다. 교토의정서는 선진국들에게만 탄소배출 감축 의무를 규정하고 있다. 반면에 파리기후변화협약은 개발도상국을 포함한 모든 당사국(198개 국가)에서의 시행을 규정하고 있다.

2. EU의 신통상정책

1) 성립 배경

EU가 출범 초기부터 회원국들로부터 독립하여 전적인 권한을 행사해 온 두 개 정책 분야[13] 중 하나가 공동통상정책이다. EU의 공동통상정책(Common Commercial Policy)[14]은 1968년에 수립된 관세동맹[15]으로 시작되었다. EU 공동통상정책은 로마조약 111조[16]에 근거한다. EU 집행위는 각 회원국이 로마조약 111조에 근거하여 통상정책을 공동으로 실시할 수 있도록 역외국들과의 무역 관계를 조정하는 작업을 1970년 1월에 완성한 이후 본격적으로 공동통상정책을 시행해오고 있다.[17]

현재 EU의 통상정책은 EU 설치조약(Treaty on European Union and the Treaty

---

13 두 개 정책 분야는 공동농업정책과 공동통상정책이다.

14 "통상정책은 한국에서 사용되는 무역정책보다는 포괄적인 의미를 갖는다(채욱-김세원-유재원, 2006). 무역정책은 주로 재화의 수출입과 관련을 갖는 데 비해 통상정책은 여기에 더하여 서비스는 물론 투자, 지식재산권, 환경을 포함하는 국제경제거래 전반에 걸쳐 영향을 주는 정부-공공 정책을 총칭한다."(김세원, p. 26, 2007)

15 경제통합의 5단계, 즉 FTA, 관세동맹, 공동시장, 완전한 경제통합, 그리고 정치 · 경제 통합의 단계 중 2번째 단계이다. 이 단계에서는 회원국 간 모든 무역에 관세나 수량 제한을 부과하지 않고 역외국들과의 무역에서는 공동 관세와 수입절차를 적용한다. 1957년 로마조약에 의해 유럽경제공동체가 설립되었고 관세동맹을 1969년 전까지 설립하는 것을 목표로 하고 있었다(로마조약 9조).

16 이 조항을 시작으로 현재 EU의 통상정책은 EU 설치조약(Treaty on European Union and the treaty establishing the European Community, 1993년 마스트리흐트에서 체결, 2000년 암스테르담, 2001년 니스(Nice)에서 일부 수정)의 131~134조를 법적 근거로 하고 있다. 131조는 공동통상정책의 목적, 132조는 회원국들의 해외 수출지원 제도들의 조화 당위성, 133조는 공동통상정책의 범위, 집행위 및 이사회의 권한, 표결 정족수, 133조 위원회(자문위원회), 134조는 공동통상정책으로 인해 특정 회원국에 불이익이 발생했을 때 처리 원칙에 관해서 규정하고 있다. https://overseas.mofa.go.kr〉be-ko〉brd〉down.

17 EU의 공동통상정책, https://overseas.mofa.go.kr〉be-ko〉brd〉down PDF(검색일: 2022. 1. 8).

Establishing the European Community)[18]의 131~134조를 법적 근거로 하고 있다. 특히 이 조약의 131조가 공동통상정책의 목적이 무엇인지를 잘 설명하고 있다. 131조에 따르면, EU 공동통상정책의 목적은 국제무역을 조화롭게 발전시키며 교역상의 장벽을 폐지하고 관세를 인하하는 것이다. 즉 EU 공동통상정책은 크게 자신의 통상이익 방어, 자유무역체제 강화, 세계화의 혜택 신장 및 공유라는 세 가지 목적을 갖고 시행되고 있다.[19] 실제로 EU는 공동통상정책을 통해 회원국들의 공동 이익 추진, 국제무역의 조화로운 발전, 무역 및 해외직접투자에 대한 제한 조치의 점진적 철폐, 관세 및 여타 무역장벽 감축에 기여했다. 또한 EU는 공동통상정책을 통해 환경-경쟁-개발 등 국제통상법의 새로운 규범 도입을 주도하여 국제 경제에 큰 영향을 행사하는 주체로 부상하였다.

특히 리스본 조약 발효 이후 EU의 공동통상정책은 EU의 대외정책으로서의 성격이 강화되고 있다. EU는 대외정책의 원칙과 목표인 '민주주의-법의 지배-인권-지속 가능 발전' 등을 근간으로 공동통상정책을 수립, 이행하고 있다.

18 이 조약은 1993년에 마스트리히트에서 체결되었고, 2000년 암스테르담, 2001년에는 니스에서 일부 수정되었다.

19 https://overseas.mofa.go.kr>be-ko>brd>down PDF.

2) 2000년대 EU의 통상정책

EU의 통상정책은 지난 50여 년 동안 많은 변화가 이루어졌다. 특히 2000년대 EU는 중기 통상전략으로 2006년 "글로벌 유럽(Global Europe)", 2010년 "무역, 성장, 그리고 국제문제(Trade, Growth and World Affairs)", 2015년 "모두를 위한 무역(Trade for all)"이라는 제목의 포괄적 통상백서를 세 차례 발표했다(〈표 1-1〉 참조). 따라서 이번 통상정책은 4번째 변화라고 할 수 있다.[20] EU는 2000년대 들어서 새로운 통상정책을 소개하는 통상백서를 2006년, 2010년, 그리고 2015년에 3번 발간했다(〈표 1-1〉 참조).

2006년 통상정책

EU가 "글로벌 유럽"이라는 제목의 통상정책을 2006년 10월에 발표하였다. 이 통상정책은 역내 성장과 고용 창출을 취지로 하는 리스본 전략의 역외적 연장이라고 할 수 있다.[21] 다른 말로 설명하면 2006년에 채택된 EU의 통상정책은 FTA를 중심으로 하고 있다. 2004년까지 EU의 통상정책은 역내 시장을 중심으로, 또 다자주의를 중요시하는 전략이었다. 그러나 EU 경제의 저성장, FTA의 전 세계적 확산, 신흥국들의 부상 등으로 EU 통상정책은 역내와 역외를 동일하게 중시하고 양자주의를 중시하는 전략으로 수정되었다. 이런 전략은 2011년까지 지속되었다.[22]

---

20 〈표 1-1〉 참조.

21 김세원, 2007.

22 강유덕, 2013.

〈표 1-1〉 과거 통상백서에 나타난 EU의 통상전략

구분	2006년 통상백서	2010년 통상백서	2015년 통상백서
제목(부제)	글로벌 유럽 (세계에서의 경쟁)	무역, 성장, 그리고 국제문제 (유럽 2020 전략의 핵심 요소로서의 무역정책)	모두를 위한 무역 (더 책임 있는 무역-투자 정책을 향하여)
기본 목표	· 경제 성장 촉진 및 일자리 창출 · 통합적인 통상정책을 통해 EU의 경쟁력 강화	· 유럽 2020 전략과 연계한 스마트 성장, 포용적 성장, 지속 가능한 성장 · 일자리 창출 강조 · 2006년 통상정책 계승	· 서비스, 디지털, 인력 이동 등 가치사슬을 고려한 효과적인 통상 · 절차상의 투명성 제고 · 유럽의 가치 확산
중점 추진 정책	· 지적재산권 강화 · 우선순위 국가와 차세대 FTA 추진 · 새로운 시장 접근 전략 · 해외조달시장 접근성 개선 · 무역 방어기제의 실효성 검토	· 적극적인 FTA 추진 · 해외 비관세 장벽 철폐: 규제 수렴과 협력 추구 · 해외조달시장 접근성 개선 · 해외 투자정책 수립 · 해외 지적재산권 보호 강화 · 수출 규제조치 개혁	· 글로벌 가치사슬 반영 · FTA의 실효성 제고 · 통상정책 결정 과정의 투명성 확보 · 지속 가능한 무역 (인권 등 지속 가능한 개발 및 사회적 · 환경적 여건 조성) · 다자협상 체제의 재활성화 · 지역무역협정 추진
대중국 정책	· 상호이익에 입각한 동등한 파트너로서 무역 및 투자 관계 구축 · 중국의 지적재산권 준수 및 정부조달시장 개방 촉구	· 기준과 규제, 서비스, 투자, 정부조달 부문 협상 · 지식재산권 보호 강화 · 수입대체, 기술이전 강요, 원자재 수출 제한과 같은 중국의 산업정책에 대응	· 중국과 투자협정 체결 · 중국의 개혁과 개방 지원 · 다자무역 체제에서 중국의 역할 강조

자료: 장영욱 · 오태현(2021), 〈표 1〉 재인용, EC COM(2006) 567 final, EC COM(2010) 612, final, EC(2015) 요약.

2010년 통상정책

EU는 무역, 성장, 그리고 국제문제라는 제목의 신통상정책을 2010년 11월에 발표하였다. EU의 신통상정책은 유럽 2020 전략과 연계한 스마트 성장, 포용적 성장, 지속 가능한 성장, 일자리 창출, 2006년 통상정책 계승을 기본 목표로 하고 있다(〈표 1-1〉 참조).

이 통상정책에서 EU는 제3국의 비관세 장벽 철폐, 정부조달시장 개방, 해외조달시장 접근성 개선, 해외 투자정책 수립, 지적재산권 준수 요구

강화 등 한층 세부적인 사안에 대해 구체화된 정책방향을 제시하고 있다[23](〈표 1-1〉 참조).

이 정책과 기존 통상정책의 또 다른 차이점은 기존의 FTA 정책을 더 강화했다는 것이다. 실제로 이 정책 채택 이후 EU는 EU-세르비아 FTA를 2010년 2월에 발효하였고, 한국과의 FTA도 2011년 7월에 발효하였다. 특히 2012년부터는 거대블록화에 우선순위를 두었다. 실제로 2013년에는 세계에서 가장 큰 경제 대국인 미국, 일본과 거대 FTA 설립을 위한 선언을 하였다.

2015년 통상정책

최근까지의 EU 통상정책은 2015년 10월 융커 전 EU 집행부 정부 때 수립됐던 'Trade for All' 통상전략을 바탕으로 이뤄지고 있다. 이 통상정책은 효과성(effectiveness), 투명성(transparency), 가치(values)의 세 가지 기본 목표를 중심으로 하고 있다.

EU 집행위는 2015년 10월 신통상정책(Trade for all)과 2016년 7월 "Strategic Plan 2016-2020"을 발표하여 EU가 추진하고자 하는 통상정책 관련 3대 일반 목표 및 4대 세부 목표를 제시하고, 이행상황 등을 자체 평가했다.

이 정책은 글로벌 가치사슬(Global Value Chain, GVC) 활용의 극대화, 고용 및 성장 간의 연계성, 해외서비스 시장 진출 및 투자 확대 등을 목표로 하고 있다. 이 목표를 이루기 위해서 EU 집행부는 적극적인 대외통상

---

23 ibid.

정책을 시행할 것임을 분명히 하고 있다. 당시 EU 통상정책에서 FTA는 핵심과제를 달성하기 위한 중요한 수단이었다.[24]

3) 2021년 EU의 신통상정책

2019년 12월에 새롭게 출범한 새 EU 집행부가 2021년 2월 18일에 "An Open, Sustainable and Assertive Trade Policy"라는 제목의 신통상정책을 발표했다. EU는 글로벌 통상환경 변화에 대응하기 위해 기존 산업과 통상정책을 근간으로 이 정책을 만들고 시행하고 있다. 앞에서 이미 설명하였듯이, 최근 10여 년간, 글로벌 통상환경에 전 세계가 경험해보지 못한 코로나19 확산, 중국의 부상, 미국과 중국 간 무역 갈등, 미국과 EU의 무역 갈등, 다자주의 약화[25] 등과 같은 많은 변화가 있었다. 이런 변화들로 인해, EU 집행부는 EU 통상정책의 방향을 새롭게 설정해야 할 필요성을 갖게 되었다. 따라서 EU의 신집행부는 지난 10여 년 동안 변화한 글로벌 통상환경을 반영한 새로운 통상정책과 그 정책을 성공적으로 시행하기 위한 세부 전략을 만들었다.[26]

EU 신집행부는 신통상정책의 최우선과제로 채택된 두 가지 정책, 즉 그린 전환정책과 디지털화 정책들을 통상 이슈와 연계하여 코로나19 이

24 김홍종 외, p. 2, KIEP, 2016.

25 다자주의 약화는 미국-EU 간 통상 및 안보 분야 갈등, 미국-중국 간 무역 분쟁 등으로 가시화되었다.

26 European Commission, "Questions and Answers: An Open, sustainable and assertive trade policy", 2021.

후 경제를 회복하고 EU의 지정학적 전략에서 통상정책의 역할을 구체화하기 위해서 다음의 여섯 가지 주요 분야에서의 세부 전략도 수립했다.[27]

① WTO 개혁: WTO의 모든 분야에서 개혁 추진 및 다자 간 투자 법원 설립을 포함한 개혁 추진

② 그린 전환 및 지속 가능한 가치사슬: 기후 중립과 순환경제 가치사슬 증진을 위해 다자 간-양자 간-자율적 조치 이행

③ 디지털 전환 및 디지털 통상: 새로운 디지털 기술 개발을 위한 표준 및 규범 마련

④ 국제상회에서의 EU 표준 · 규제 영향력 강화: 국제표준협약에서 우위를 점하기 위해 EU의 표준 및 규제 전반 정비

⑤ 대외관계 강화: 무역 상대국 확대, 유럽 주변국 및 아프리카 지역 국가와의 교류를 확대 및 강화

⑥ FTA, 모니터링 및 공정경쟁 환경 조성: 불공정한 무역관행을 배제하고 '무역과 지속 가능한 발전(Trade and Sustainable Development, TSD)' 챕터를 이행하기 위해 강제력을 포함한 EU 무역 규제 수립

EU 신집행부는 신통상정책에서 EU가 이제까지 추구해온 다자주의를 지속하면서, 종국적으로 신통상정책의 최종 목표인 회원국들의 이익을 최대로 보장하고자 한다.

27 EU 집행부는 새로운 통상정책을 마련하기 위해 5개월(2020년 6월 16일~11월 15일)간 역내 의견 수렴을 진행하였고, 여섯 가지 주요 분야에서의 수렴 결과를 같은 해 12월에 발표했다(김도연, 2021. 1. 28).

회원국들의 이익을 최대한 보장하기 위해서 EU 신집행부는 신통상정책의 세 가지 중기 목표를 채택하였다.

첫째 목표는 EU 경제 회복을 지원하고, 그린 전환정책(European Green Deal)[28]과 디지털화 정책(A Europe Fit for the Digital Age)이 신통상정책의 중심이 되도록 근본적으로 EU 경제를 변화시키는 것이다.

둘째 목표는 신통상정책을 시행함으로써 좀 더 지속 가능하고 공정한 세계화를 이루는 데 필요한 국제적 규범을 만들고자 한다.

셋째 목표는 자발적으로 EU의 이익을 추구하고, EU의 권리를 증진할 수 있도록 EU의 역량을 제고한다.

EU의 신통상정책은 기존 EU의 통상정책과 몇 가지 차별화되는 특징을 가지고 있다.

우선 이번 EU의 신통상정책은 최근에 급변하고 있는 글로벌 통상환경하에서 EU 회원국 기업들의 이익 보호를 정책의 최우선 목표로 하는 것이 기존 정책과 차별화되는 점이다.

신통상정책의 최우선 목표, 즉 회원국들의 이익을 최대로 보장하기 위하여 다자주의를 확대하는 가운데 EU 신집행부는 '개방형 전략적 자율성(Open Strategic Autonomy)'이 가장 중요한 개념이 되는 새로운 통상정책을 채택하였다.[29]

'전략적 자율성'은 위기 상황에서도 EU가 다른 나라들에 의지하지 않고 EU의 이익과 EU가 추구하는 가치를 고려하여 주체적으로 결정하고

---

28 2050년까지 탄소중립을 목표로 하고 있다.

29 European Commission, "Questions and Answers: An Open, sustainable and assertive trade policy", p. 1, 2021.

〈그림 1-1〉 EU의 개방형 전략적 자율성(Open Strategic Autonomy)

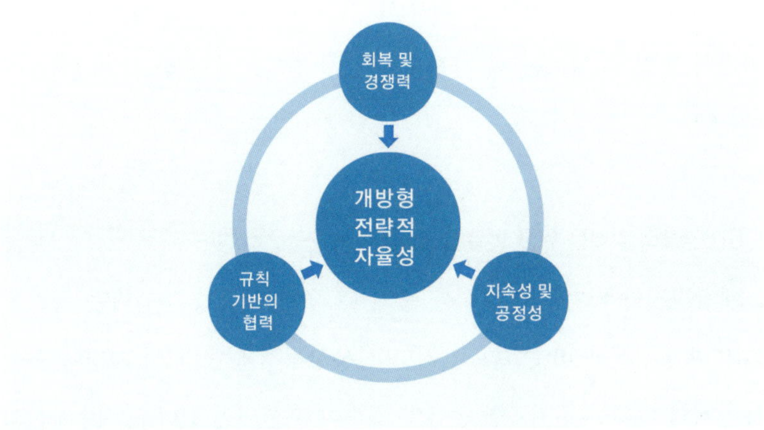

자료: European Commission, "Trade Policy Review", p. 8, 2021.

행동할 수 있는 역량을 의미한다.[30] 실제로 EU는 나노 기술, 로봇공학, 산업 생명공학, 생물 의학, 양자 기술, 제약, 첨단 재료, 기술 등과 같은 전략 산업 부문의 해외 의존도를 낮추려고 노력하고 있다.[31] 다만, 전략적 자율성을 지나치게 강조하다 보면 원래 취지와는 상관없이 회원국들이 보호무역적인 조치들을 시행할 가능성도 존재한다. 이런 상황이 발생하는 것을 방지하기 위해서 EU 신집행부는 '전략적 자율성' 앞에 '개방형'이라는 단어를 추가했다. 이렇게 함으로써 EU가 기본적으로 다자체

---

30 European Commission, "Trade Policy Review", p. 8, 2021.

31 EU는 2020년 3월에 발표한 '신산업전략'과 2020년 5월에 발표한 '차세대 EU 회복기금'에서 기술, 인프라, 식량, 보안 등 전략적 산업의 해외 의존도를 낮추는 '전략적 자율성'을 강조하고 있다. 전략 산업에는 로봇공학, 마이크로 일렉트로닉스, 고성능 컴퓨팅 및 데이터 클라우드 인프라, 블록체인, 양자 기술, 포토닉스, 산업 생명공학, 생물 의학, 나노 기술, 제약, 첨단 재료 및 기술 등이 포함된다(EC COM(2020), 102 final, p. 3, 장영욱 · 오태현(2021)에서 재인용).

제 중심의 개방적인 통상정책을 추구한다는 점을 강조했다.[32]

'개방형 전략적 자율성'은 '회복 및 경쟁력', '지속성 및 공정성', '규칙 기반의 협력'의 새로운 세 가지 통상정책 방향을 포함하고 있다.[33](〈그림 1-1〉 참조)

EU 경제력 강화를 위한 회복 및 경쟁력

개방경제와 다자주의 강화를 통해 EU의 경쟁력을 높인다는 목적은 과거 통상정책과 비슷하다. 그러나 신통상정책에는 EU의 지정학적 이해관계와 자율성에 기초한 공급망 개편이 포함되어 있다. EU는 자신의 경쟁력을 강화하기 위한 전략으로 자국 우선주의나 코로나19 확산으로 인해 위협받고 있는 글로벌 공급망을 유지-복원-다변화함으로써 역외국 의존도를 탈피하고 EU의 경쟁력을 강화하는 것을 채택하였다.[34] 즉 EU가 추구하는 기본 가치인 개방-투명성을 유지하면서 몇몇 역외국들에 의존하지 않고 더 많은 역외국과 규칙에 근거한 협력관계를 강화하여 지속 가능한 공급망을 확보하고자 한다. 이런 노력을 통해서 EU 집행부는 EU의 통상정책이 투명하고 공정한 공급망을 구축하고 기업 윤리강령과 규칙을 지키는 교역을 확대하여 EU의 경쟁력을 복원하고 강화하고자 한다.

32 European Commission, "Questions and Answers: An Open, sustainable and assertive trade policy", p. 2, 2021; 박성준, "EU의 통상정책을 읽는 세 가지 키워드", 『나라경제』, 서울: KDI 경제정보센터, 2021. 4월 호.

33 European Commission, "Trade Policy Review", p. 8, 2021.

34 장영욱 · 오태현(2021).

지속성 및 공정성: 공정하고 책임지는 EU 행동의 필요성을 반영

신통상정책은 디지털화, 기후변화, 코로나19 이후 경제 회복 등으로 요약되는 주요 글로벌 이슈에서 EU가 더 지속적이고 공정한 국제협력을 주도하기 위한 방안을 포함하고 있다.

EU 집행부는 지속 가능하고 공정한 교역을 위한 규범을 정립하려면 교역 안정화와 규제 기반 교역이 EU 신통상정책의 핵심이라는 것을 명확히 하고 있다. 따라서 EU는 역내 · 외적으로 협력체계를 강화해 EU 표준이 국제사회에서 지속적인 영향을 미칠 수 있도록 노력하고 있다. EU는 실제로 모든 양자 · 다자 간 협정에 '무역과 지속 가능한 발전' 챕터를 포함하고 있다. 2011년 발효된 한-EU FTA를 시작으로 EU가 체결한 모든 FTA에는 환경-노동 등을 규율하는 '무역과 지속 가능한 발전'에 대한 내용이 포함되어 있다. EU는 대중국 통상정책에 있어서도 기존 협력과 지원을 강조하는 방향에서 불공정 관행 및 '무역과 지속 가능한 발전' 챕터 준수를 강조하는 방향으로 변경했다. 신임 EU 집행위에서도 2050 탄소중립 목표를 달성하기 위한 그린 딜 정책에 많은 관심을 보이고 이러한 정책을 이행하기 위해 노력하는 등 '지속 가능성'을 모든 정책의 핵심 부분으로 설정하고 있다.

또한 EU가 전통적으로 통상정책에서 중요시했던 기후변화 및 환경문제에 대한 대응, 노동자, 인권, 젠더 등 관련 조항 이행에 관한 강력한 요구도 모든 양자 · 다자 간 협정에 포함시키고 있다. 실제로 2019년에 체결한 EU-일본 FTA뿐 아니라 파리협약의 효과적이며 구속력 있는 시행을 협정문에 명시하였다. 또한 이미 체결된 FTA의 재협상에서도 해당 조항의 삽입을 주장하고 있다. 한-EU FTA에도 환경 관련 조항이 포함되어 있다.

EU 신집행부는 탄소국경조정 제도(Carbon Border Adjustment Mechanism, CBAM) 입법안[35]을 2021년 7월에 공개하였고 이 입법안에 대해서 EU 이사회(Council)가 2022년 3월 15일에 합의하였다.[36] EU 신집행부는 기후변화 대응을 위해 지속적으로 모든 무역협정에 파리협정 준수 의무를 필수적인 요소로 포함할 예정이다.

EU 신집행부는 2022년 2월 23일에는 공급망 실사의무제도(Corporate Sustainability Due Diligence)[37]에 관한 제안서도 채택하였다.

또한 EU 신집행부는 2020년 7월 통상총국(Directorate-General for Trade) 내에 FTA 이행 여부, 반덤핑-상계관세와 같은 무역구제조치 등, 통상 분야를 전반적으로 감독하는 수석 통상감찰관(Chief Trade Enforcement Officer) 직위를 신설하고 관련 조직을 확대하였다.

이런 노력 등을 통해 EU는 "기후변화 및 환경문제 대응, 공정경쟁, 노동자 보호 등의 분야에서 지속 가능하고 책임감 있는 무역관행이 확립되도록 EU 차원에서 지속적으로 노력"할 것임을 분명히 하고 있다.

---

35 특정 산업의 탄소누출(carbon leakage) 위험 방지를 위해 고탄소 수입품에 대해 EU 역내 기업이 부담하는 수준과 동일한 부담금을 부과하는 제도. 일종의 관세다(한경 경제용어사전, https://dic.hankyung.com). 관세 부과방안으로는 역내 · 외 모든 제품에 부과하는 탄소세, 수입상품에만 부과하는 탄소관세, EU 탄소배출권거래제(ETS) 확대 등 다양하다.

36 https://www.consillium.europa.eu〉press〉2022/03/15.

37 기업들이 공급망 전 과정에서 인권, 환경 등을 침해하는 활동이 있는지 사전에 조사하도록 하고, 관련 사고 발생 시 책임을 묻는 제도. https://ec.europa.eu/presscorner/detail/en/ip_22_1145.

규칙 기반의 협력: 적극적 통상정책

EU는 역내 기업을 위해 공정경쟁 환경을 조성하고 제3국의 일방적인 조치에 보다 적극적으로 대응할 정책적 도구의 필요성을 갖게 되었다. 국제협력과 대화를 통해 세계경제 성장을 위해 노력하고, 역내 기업들을 위해 공정경쟁 환경 조성을 위해서도 노력할 것임을 분명히 하고 있다.

그러나 역외국들의 일방적이고 불공정한 무역관행으로 인해 EU의 이익이 침해받을 경우 EU 차원에서 적극적 · 자발적으로 문제를 해결할 것임을 강조하고 있다. EU는 이런 방식의 문제 해결을 위한 정책적 시스템을 마련하고 있다.

EU는 역내 핵심 인프라, 기업, 기술 등을 보호하기 위해 '외국인 투자 심사제도(FDI Screening)'를 도입했다. 외국 보조금 수혜기업의 EU 시장 내 경쟁 왜곡(가격, 기업 인수, 공공 조달 등)을 차단하기 위한 "역외 보조금 규제"도 발표했다. 또한 무역 대응조치를 규율하는 시행규칙(Enforcement Regulation)을 개정해서 WTO 상소기구 기능 정지로 인해 최종 판결이 나지 않은 분쟁 건에 대해서도 보복 조치를 시행할 수 있는 법적 근거도 마련했다. 예를 들면 미국의 "무역법" 301조, "무역 확장법" 232조 등 상대국의 무역 관련 조치에 WTO 판결 없이도 EU가 곧바로 대응조치를 시행할 수 있도록 하는 내용의 통상 위협 대응 규정(Anti-coercion Regulation)도 2021년 12월 8일에 제안하였다.[38] EU는 공급망 다변화를 위한 대외관계 구축에도 많은 노력을 하고 있다. 무역협정 상대국을 아시아와 아프리카로 넓혀 공급망을 다각화하고 있다.

---

38 https://ec.europa.eu/commission/presscorner/detail/en/ip_21_6642.

또한 EU는 국제 사회에서 위상을 강화하기 위해 중국을 견제하고, 미국, 오타와그룹[39], 아프리카 국가, 인도 및 중국 등과 규범에 근거한 협력 관계를 구축하기 위하여 많은 노력을 기울이고 있다.

39 WTO 개혁에 동참하는 소그룹으로 호주, 캐나다, 브라질, 칠레, EU, 일본, 케냐, 한국, 멕시코, 뉴질랜드, 노르웨이, 싱가포르, 스위스를 포함하고 있다.

제2장

EU의 대미국 통상정책

김연준 충북대학교 경제학과 교수

1. 서론

세계화와 국제화는 국제무역을 통해 더욱 활발하게 국가 간 재화, 서비스, 노동, 자본, 기업, 기술, 문화, 아이디어 등을 이동시킬 수 있다. 국제무역은 국가 간 상호 의존도가 갈수록 높아지고, 국경을 폐쇄하는 자급자족 경제(autarky)를 유지하는 것으로는 더 이상 변화하는 세계경제 내에서 살아남기가 어렵다는 것을 증명하고 있다.

전 세계의 국가 간 무역 규모를 분석할 때, 크게 대서양 횡단무역(trans-Atlantic trade), 유럽국가 내 무역(intra-European trade), 아메리카 내 무역, 아시아 무역, 기타 국가 간의 무역[01] 등으로 지역권역을 나누어서 분석해볼 수 있다. 이들 지역 가운데 '대서양 횡단무역'과 '유럽국가 내 무역'이 차지하는 무역 비중은 다른 지역의 무역과 비교하여 상대적으로 크다는

---

* 본 연구는 한국유럽학회 제4차 구주통상포럼(EU의 對미국, 對중국, 對일본 등 주요국 통상정책과 한국에 미치는 영향)에서 "EU의 對美 통상정책의 연구"를 수정한 연구이다(2021년 11월 19일).

01 중동 국가들, 러시아, 아제르바이잔, 카자흐스탄, 키르기스스탄, 우즈베키스탄, 타지키스탄, 투르크메니스탄, 아프리카 국가들.

것을 알 수 있다. 특히 미국과 유럽 간 무역 규모를 설명하는 대서양 횡단무역은 무역 규모 자체로도 상당할 뿐만 아니라, 세계 고용 창출, 경제성장 파급 효과 등 세계무역에서 중추적인 역할을 하고 있다.

이 장에서는 EU의 대미 통상정책의 변화에 대해 분석한다. 이를 위해서 우선 EU와 미국의 통상 현황을 분석하고, 코로나19 팬데믹이 있기 전인 2019년 말의 통상 관련 주요 이슈들에 대해 분석한다. 그리고 EU와 미국 간 통상정책의 변화를 분석하기 위해 코로나19 팬데믹이 있기 전 '바이 내셔널리즘(buy nationalism)'을 추구하였던 트럼프 정부의 무역정책을 분석한다. 이를 위해 트럼프 정부의 무역전쟁 타임라인을 설명한다.

또한 이 장에서는 최근 EU의 신통상전략과 최근 있었던 TTC(Trade and Technology Council)에 대해 설명한다. 그리고 강화된 EU 수출 통제 규칙, 디지털세, 탄소 국경세에 대해 분석한다. 특히 코로나19 팬데믹 이전에 있었던 EU와 미국 간 무역마찰 현상이 코로나19가 진행되고 백신이 보급되고 있는 최근에는 어떻게 변화하고 있는지 분석한다.

2019년까지 세계경제의 위협 요인으로 등장한 미-중 무역전쟁과 과거 트럼프 행정부의 보호무역주의로 코로나19 팬데믹이 있기 전부터 세계경제는 긴장감이 밑돌고 있었다. 최근 코로나19 백신이 개발되어 보급되고 많은 국가가 방역 패스에서 일상생활로 전환하고 있는 상황에서 다시 미-중 무역전쟁 이슈가 서서히 등장하고, 미국과 EU도 각자의 무역정책을 추진하고 있다. 그리고 러시아와 우크라이나 전쟁, 중국 봉쇄로 인해 EU와 미국은 수출에 차질이 생기게 되었다. 이와 같은 상황에서 GDP에서 소비가 차지하는 비중이 상당히 큰 미국의 경우 내수를 수입으로 충당하고 있다. EU는 에너지 수입에 있어서 러시아에 대한 의존도를 낮추고 미국으로부터 수입해오는 것으로 전환하고 있다. 여기서는 EU의 대미 통상정책에 초점을 맞추어 최근의 정책 변화들에 대해서 분석한다.

2. EU-미국 통상 현황

EU와 미국 양국 간 무역-투자 규모는 전 세계에서 가장 크고 통합적인 경제 관계를 보여주고 있다. 2021년 최대 상품 수입원에서 EU가 중국에 추월을 당했지만, 미국은 지금까지 EU의 최대 교역 및 투자 파트너로 남아 있다.[02] 데이터를 분석해보면 대서양 횡단무역의 규모는 상당히 큰데, EU나 미국은 세계경제에서 거의 모든 나라의 가장 큰 무역 및 투자 파트너이다. 그리고 두 지역을 합치면, 두 지역의 경제는 세계 GDP의 40% 이상, 상품과 서비스 분야 세계무역의 40% 이상을 차지한다.

〈그림 2-1〉은 EU의 수출 규모를 나타내는데, 구체적으로 상품 무역 규모(Trade in goods, by main world traders)를 나타내고 있다. 〈그림 2-1〉은 EU의 주요국에 대한 모든 재화의 총수출액을 나타내는데, 모든 재화는 SITC(Standard International Trade Classification) Rev. 4에 의한 규모를 의미한다.

02 미-중 무역전쟁의 이슈가 지속되는 상황에서 GVC(Global Value Chain), 글로벌 공급망 내 중국 견제를 강화하기 위해 미국은 EU와 GVC 협력에 더욱 집중할 것으로 보인다.

〈그림 2-1〉 EU의 수출 규모

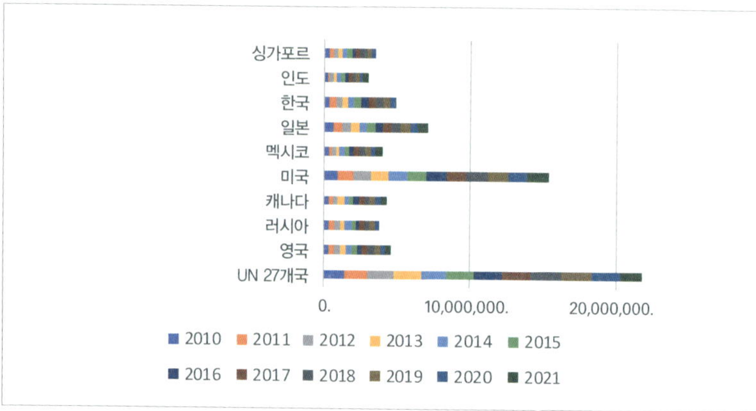

자료: Eurostat(https://ec.europa.eu).

〈그림 2-1〉에서 총수출액 단위는 million of ECU[03]/EURO인데, 이를 통해 주요국 재화에 대한 수출 규모를 확인해볼 수 있다. 〈그림 2-1〉을 살펴보면 유럽 내 무역(intra-European trade)을 나타내는 EU 27개국 간 수출액이 가장 큰 규모(2021년 기준, 2,181,046.6(millions of ECU/EURO))인 것으로 나타났다. 다음으로 대서양 횡단무역에서 대표국인 미국의 수출액(2021년 기준, 1,482,317.3(millions of ECU/EURO))이 큰 것으로 나타났다. 〈그림 2-1〉을 보면 EU 다음으로 미국이 2010년부터 2021년까지 가장 많은 수출 액수를 기록하고 있다. 그다음이 일본과 한국으로 나타났다.

〈그림 2-2〉는 EU에서 여타 국가로부터의 연간 수입 규모(Trade in goods, by main world traders)를 나타내고 있다. 수입 규모 단위는 millions of ECU/EURO이다. 수입 규모는 모든 제품을 대상으로 한 것이고 수출과 마찬

03 European Currency Unit의 약어로 유럽통화단위이다.

〈그림 2-2〉 EU의 수입 규모

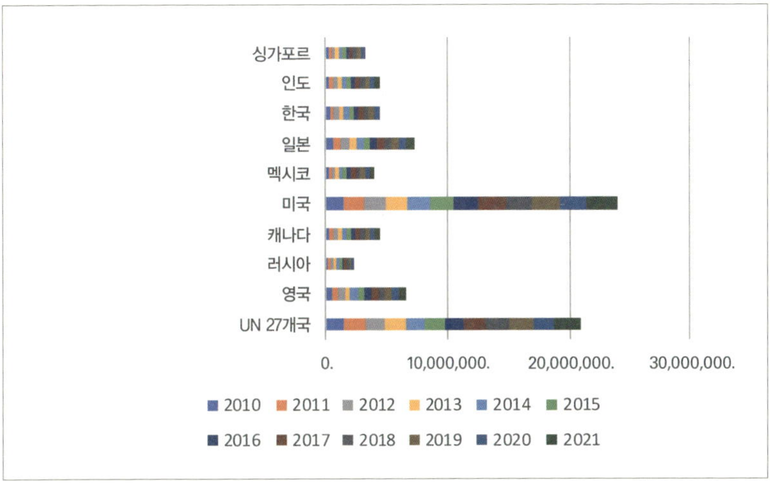

자료: Eurostat(https://ec.europa.eu).

가지로 SITC Rev. 4이다. 〈그림 2-2〉는 2010년부터 2021년까지 EU가 매년 수입한 규모를 국가별로 나타냈다. 〈그림 2-2〉에서 유럽 내 무역(intra-European trade)을 나타내고 있는 유럽 내 수입 규모(2,119,432.9(millions of ECU/EURO))와 대서양 횡단무역에서 가장 큰 규모를 차지하고 있는 미국으로부터의 수입 규모(2,479,898.6(millions of ECU/EURO))가 여타 국가와의 수입 규모 대비 큰 것으로 나타났다.

〈그림 2-3〉은 EU의 무역수지(trade balance)[04] 규모를 나타낸다. 2010년부터 2021년까지 무역수지(trade balance) 규모를 살펴보면, EU는 미국과의 무역에서 무역 적자 규모가 가장 큰 것으로 나타났다. 이는 연간 데이터이고 단위는 millions ECU/EURO이다. 이 데이터는 SITC Rev. 4로

04 Trade in goods, by main world traders.

〈그림 2-3〉 EU의 무역수지 규모

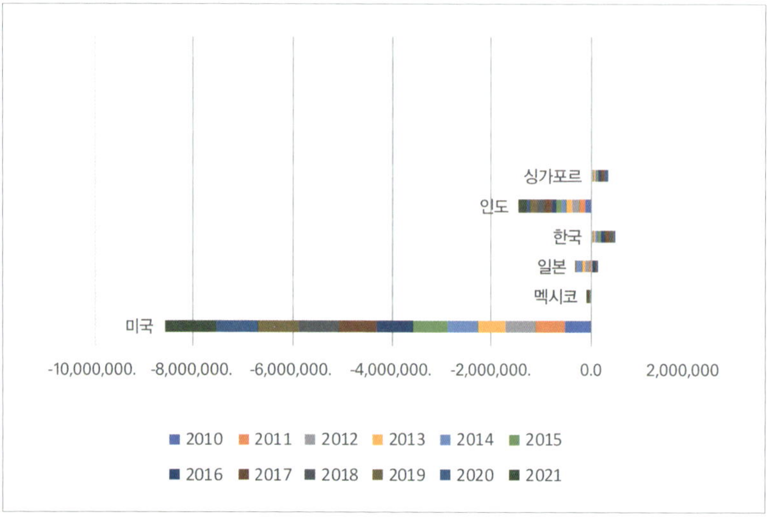

자료: Eurostat(https://ec.europa.eu).

전 제품 총합계(total all products)를 나타낸다.

〈그림 2-1〉~〈그림 2-3〉이 보여주는 바와 같이, EU와 미국의 무역 및 투자 관계는 코로나19 팬데믹으로 인한 경제적 어려움에도 불구하고 여전히 굳건한 것으로 나타났다.

2020년 EU 기업들은 2018년보다 거의 20억 유로가 많은 3,530억 유로의 상품을 수출했는데 2021년에는 2020년보다 더 많은 3,994억 유로의 상품을 수출했다. 2020년에 비해 2019년에는 3,846억 유로의 상품을 수출했는데, 코로나19가 발발한 2020년에 EU의 수출 규모는 줄었다가 2021년에 다시 늘어났다.

〈표 2-1〉 세계 수출에서 차지하는 EU의 수출 비율(%)[05]

	2010	2011	2012	2013	2014	2015	2016	2017	2018	2019	2020	2021
EU 27개국	15.7	15.6	15.2	15.5	15.7	15.7	16.3	16.1	15.8	16.0	16.1	14.7
영국	3.5	3.6	3.2	3.6	3.4	3.5	3.2	3.2	3.2	3.1	2.9	2.7
러시아	3.3	3.6	3.5	3.5	3.3	2.6	2.4	2.7	2.9	2.9	2.5	-
캐나다	3.2	3.1	3.0	3.0	3.1	3.1	3.1	3.0	2.9	3.0	2.8	2.9
미국	10.6	10.2	10.3	10.4	10.6	11.3	11.5	11.1	10.8	11.0	10.4	10.0
멕시코	2.5	2.4	2.5	2.5	2.6	2.9	3.0	2.9	2.9	3.1	3.0	2.8
일본	6.4	5.7	5.3	4.7	4.5	4.7	5.1	5.0	4.8	4.7	4.7	4.3
한국	3.9	3.8	3.7	3.7	3.8	4.0	3.9	4.1	3.9	3.6	3.7	-
인도	1.8	2.1	1.9	2.2	2.1	2.0	2.1	2.1	2.1	2.2	2.0	2.2
싱가포르	2.9	2.9	2.8	2.8	2.7	2.7	2.7	2.7	2.7	2.6	2.7	-

자료: Eurostat(https://ec.europa.eu).

수입 규모도 2021년에 EU가 2,325억 유로의 상품을 수입하였는데, 이는 코로나19가 발발하기 전인 2019년의 2,352억 유로에 근접하는 수준이다. 즉 코로나19가 발발한 2020년에 EU의 상품 수입 규모는 2,030억 유로였는데 2021년에 수입 규모는 295억 유로 증가한 것으로 나타났다.

미국에 수출하는 EU 기업은 16만 4,000개 이상이며, 이 중 중소기업은 9만 3,000개에 육박한다. EU에 대한 미국의 총투자액은 아시아 전체보다 3배 정도 높은 것으로 나타났다.

05 Share of national exports in world exports(%)를 의미하며 해당 국가 수출이 세계 수출에서 차지하는 비중이라고 할 수 있다.

EU의 대미 투자는 인도와 중국에 대한 EU 투자액의 약 8배인 것으로 나타났다. EU와 미국의 투자는 양국의 성장과 일자리에 기여하는 대서양 횡단무역의 진정한 원동력이다. 대서양 횡단무역은 세계경제의 형태를 규정하는데, 대부분의 국가에서 EU나 미국 중 하나가 가장 큰 무역 및 투자 파트너이다. EU와 미국 경제는 합쳐서 세계 GDP의 약 절반, 세계무역 흐름의 거의 3분의 1을 차지한다.

〈표 2-2〉 세계 수입에서 차지하는 EU의 수입 비율[06]

	2010	2011	2012	2013	2014	2015	2016	2017	2018	2019	2020	2021
EU 27개국	15.7	15.7	14.3	14.0	13.9	13.5	13.5	13.8	14.2	14.0	13.8	13.9
영국	5.0	4.8	4.5	4.2	4.5	4.6	4.9	4.4	4.2	4.5	4.4	3.8
러시아	1.8	2.1	2.1	2.0	1.8	1.3	1.6	1.8	1.5	1.6	1.6	-
캐나다	3.1	3.0	3.0	3.0	3.0	3.1	3.1	3.0	2.9	2.9	2.9	2.7
미국	15.8	15.3	15.3	15.0	15.5	17.0	17.2	16.6	16.4	16.5	17.0	16.3
멕시코	2.4	2.4	2.4	2.5	2.6	2.9	3.0	2.9	2.9	2.9	2.7	2.8
일본	5.6	5.8	5.8	5.4	5.2	4.6	4.6	4.6	4.7	4.6	4.5	4.3
한국	3.4	3.5	3.4	3.3	3.4	3.2	3.1	3.3	3.4	3.2	3.3	-
인도	2.8	3.1	3.2	3.0	3.0	2.9	2.7	3.1	3.2	3.1	2.6	3.2
싱가포르	2.5	2.5	2.5	2.5	2.4	2.3	2.2	2.3	2.3	2.3	2.3	-

자료: Eurostat(https://ec.europa.eu).

06 Share of national imports in world imports(%)를 의미하며 해당 국가 수입이 세계 수입에서 차지하는 비중이라고 할 수 있다.

〈표 2-1〉은 세계 수출에서 차지하는 EU의 수출 비율(Share of national exports in world exports)을 나타낸다. 2021년을 기준으로 EU가 14.7%로 가장 크고, 그다음으로 미국이 10%로 나타났다. 즉 유럽 내 국가 간 수출 규모가 가장 크고 대서양 횡단무역에서 가장 큰 규모를 차지하는 미국의 규모가 다음으로 큰 것으로 나타났다. 2021년 기준으로 EU가 북미(미국, 캐나다, 멕시코)로 수출하는 비율이 15.7%로 유럽 내 무역 규모인 14.7%보다 큰 것으로 나타났다.

〈표 2-2〉는 세계 수입에서 차지하는 EU 수입 비율(Share of national imports in world imports(%))을 나타낸다. 〈표 2-2〉를 살펴보면 2021년 기준으로 미국이 16.3%로 가장 크고, 그다음으로 EU가 13.9%로 큰 것으로 나타났다. 2021년을 기준으로 EU는 북미(미국, 캐나다, 멕시코)로부터 수입하는 비중이 21.8%로 유럽 내 수입 규모인 13.9%보다 큰 것으로 나타났다.

3. EU와 미국

EU와 미국의 장비 제조업체들은 글로벌 공급망에 의존해 부품을 공급하고 해외시장에 진출해 기계류를 수출하고 있다. 오늘날 세계무역의 80%는 중간재 교역량이며 최종재 교역량의 거의 2배에 달하고 있다. 이는 건설장비 제조업과 같은 선진 제조업에 있어서 특히 중요하다. 기술 발전의 중심지인 EU와 미국은 이들 두 지역의 무역인 대서양 횡단무역에서 지속적인 제조업 경쟁력을 위해 도움을 주고 있다. 그러나 보호무역을 위해 관세에 의존하는 것은 대서양 횡단무역에 있어서 경제 성장과 발전을 저해할 우려가 있다. 관세 부과는 필연적으로 생산자 시장 손실, 소비자 물가 상승, 불안정한 투자자의 신뢰와 노동자와 산업이 의존하는 대서양 횡단무역 공급망을 약화할 수 있는 잠재력을 가지고 있다.

EU와 미국은 제3국의 불공정 무역 관행에 대응하기 위해 협력하면서 무역장벽을 제거하는 데 주력할 필요가 있다. 21세기 글로벌 상거래의 도전에 효과적으로 대응하기 위해 무역 관련 법제도를 강화하고 WTO를 개혁하는 것은 EU와 미국 모두에게 득이 된다.

CECE(Committee for European Construction Equipment)와 미국 장비제조협회(AEM)[07]는 공동 성명을 통해 EU와 미국이 WTO 보잉/에어버스 분쟁으로 인한 긴장을 해소하고 관세를 철폐하며 무역 긴장 고조를 피하기 위해 함께 노력할 것을 촉구하고 있다.

EU와 미국은 상호 간 최대의 FDI(외국인 직접투자) 규모를 가지고 있다. EU와 미국의 투자는 대서양 횡단무역의 중요한 동력이며, 양 지역의 성장과 일자리 창출에 기여하고 있다. 대서양 횡단무역의 3분의 1은 회사 내 이전을 포함하는데, 이는 EU 시장과 미국 시장 사이의 돈독한 경제 통합에 대한 증거이다.

미국이 EU의 최대 교역국임에도 불구하고 EU와 미국 간에는 양자 간 전용 자유무역협정이 없다. TTIP(범대서양무역투자동반자협정)[08]는 2013년

07 Association of Equipment Manufactures.

08 Transatlantic Trade and Investment Partnership.

에 출범했지만 2016년 말 타결 없이 끝났고 이후 2019년에는 공식적으로 문을 닫았다. 그럼에도 WTO에 따르면 대서양 횡단무역은 세계에서 가장 낮은 평균 관세 특혜[09]를 계속 누리고 있다. 낮은 관세는 자유무역에 가까운 무역을 하고 있다는 것으로 판단할 수 있다.

최근 무역 분쟁이 주요 이슈로 등장하고 있음에도 불구하고, 현재의 무역 분쟁은 EU-미국 무역의 약 2%에 불과하다. WTO의 분쟁 해결 메커니즘(dispute resolution mechanism)은 이러한 분쟁 일부를 처리하고 있다.

2021년 EU-미국 정상회담은 양국 간 가장 오랜 기간 지속된 무역분쟁을 해결하는 방향으로 진전을 이루고 있다. 정상회담에서 미국과 EU 양측의 에어버스-보잉 WTO 분쟁 해결을 위해 대형 민항기를 위한 협력의 기틀을 만들고, 이와 관련하여 미국과 EU 간 관세를 5년간 유예하는 등 단호한 조처를 했다. 미 232조에 따른 EU산 철강과 알루미늄 수입에 대한 미국의 관세 적용으로 인한 긴장 해소를 위해 협력하겠다는 결의를 확인하였다. 양측은 무역이 2020년 최저점에서 회복될 수 있도록 하고 WTO 분쟁을 종식하기 위해 노력하기로 합의하였다. EU와 미국은 WTO, EU-미국 정상회담, 임시의회 등에서 무역과 관련된 다른 품목들에 대해 정기적으로 논의하였다.

2021년 EU-미국 정상회담 이후 EU와 미국은 대서양 횡단 파트너십을 선언하는 공동성명을 발표했다. 이 의제는 더욱 안전한 세계를 위한 세계 보건 과제, 녹색 성장, 무역 관계 강화, 민주주의 가치 조성에 초점을 맞추고 있다. 이에 대한 배경을 설명하면, 미국 트럼프 행정부

---

09 3% 미만.

는 2018년 6월 유럽산 철강·알루미늄 수출에 64억 유로에 대한 관세를 부과하였는데 2020년 1월 EU의 특정 철강·알루미늄 제품 수출에 4,000만 유로 규모로 영향을 미치게 되었다. 2020년 미국의 2차 관세 부과에 대해 EU는 유사한 맞대응을 하게 되었다. EU는 당사국들의 장기적 해결을 위해 2021년 12월 1일까지 이 조치들을 중단하였다. 미국이 일정한 쿼터 내에서 EU산 철강과 알루미늄에 부과한 관세를 철폐하는 대신 EU는 미국산 제품에 대한 보복관세를 철회하기로 하였다. 즉 보복관세 증액을 하지 않기로 한다는 내용의 합의를 하였다. 마침내 2021년 10월 31일에 미국과 EU 간 철강 232조 협상이 타결되었다.

미국은 트럼프 행정부 시절(2018. 3) '국가안보 위협'을 명분으로 무역확장법 232조를 적용해 미국이 수입하는 EU산 철강과 알루미늄에 각각 25%, 10%의 관세를 부과했다. 이에 대해 EU는 미국산 제품[10]에 대해 보복관세 부과로 맞섰다. 외신은 EU가 매년 330만 톤의 철강을 무관세로 미국에 수출하되 이 이상의 물량에 대해서는 25%의 관세를 부과하는 TRQ[11] 방식의 합의가 이뤄졌다고 보도했다.

이전에도 관세가 면제됐던 일부 품목을 포함하면 EU가 다음 연도에 무관세로 수출할 수 있는 철강 물량은 430만 톤으로, 미국의 관세 부과 전 물량인 500만 톤에 근접하게 된다. 다만 무관세 물량 '330만 톤'은 미국과 EU 당국의 공식 발표 내용이 아니며 아직 확정된 규모는 아니다. EU와 미국은 관세 갈등을 해소하는 것이 목적이지만, 미국은 철강에 대

10 할리 데이비슨 오토바이, 리바이스 청바지, 켄터키 버번, 담배, 옥수수, 오렌지 주스 등.

11 Tariff rate quotas로 일정 수량까지는 저율 관세율을 부과, 이를 초과하면 고율의 관세율을 적용.

한 탄소배출 기준을 엄격히 적용해 상대적으로 관련 기준이 느슨한 중국을 견제하고자 한다. 미국은 유럽과 무역 마찰을 없애고 향후 중국의 과잉생산으로 발생한 글로벌 공급망 문제를 해결할 것으로 예상된다.

4. 2019년 말 주요 이슈

미국과 EU는 자유무역협상에서 별다른 진전이 없는 가운데 12월 2일 USTR[12]이 프랑스의 디지털세에 대해 보복관세 계획을 밝히면서 양국 간 무역 긴장이 재현되었다. 7월 24일 프랑스의 디지털세(DST, Digital Services Tax) 법안이 발효되자 USTR은 12월 2일 보복대응 조치를 발표하였다. 미-EU FTA에 대해서 양국 간 자유무역협상이 진행 중이나 EU의 미국산 농산물, LNG 수입 등을 둘러싼 이견이 해소되지 않으면서 별다른 진전이 없는 상태이다. 에어버스와 보잉 간 분쟁에 대해서 USTR은 12월 2일 에어버스 보조금과 관련하여 EU의 시정조치가 불충분할 경우 공정한 경쟁을 위해서 더 높은 관세를 부과할 수 있음을 경고하였다. 단기 내 미국과 EU 간 무역 분쟁이 격화될 가능성은 작으나, 2020년 이후 디지털세를 준비 중인 여타국으로 분쟁이 번질 우려는 남아 있다. 디지털세에 대한 USTR의 보복관세는 2020년 1월 7일에 공청회, 1월 14일

12 Office of the United States Trade Representative(미국 무역대표부).

부터 의견을 수렴한 후에 내년 초 최종 시행 여부가 결정될 예정이다. 이는 디지털세를 준비 중인 다른 국가들로도 확산될 것으로 예상된다.

5. 트럼프 정부의 무역전쟁 타임라인[13]

트럼프 대통령은 2018년 EU와 무역전쟁을 시작하기로 선포하였다. 이는 외국산 수입은 국가안보 위협으로 규정하여 수입품에 관세/쿼터를 부과하는 등 미국의 특정한 법적 근거를 사용하려는 전략이다. 이에 이어질 무역 파트너들의 보복은 세계경제에 걸림돌이 될 위험이 있다. 바이든 대통령은 미국의 관세와 다른 무역장벽을 그대로 유지할 것인지 변화하는 상황에 따라 조정할 것인지 결정해야 한다. 다음 일정은 가장 시급한 EU와 관련한 무역 분쟁에 관한 내용이다.

태양열 패널과 세탁기 수입으로 인해 미국 산업이 부상하였다. 그리고 중국은 미국 ① 태양광 패널 관세에 대해 WTO에 분쟁을 제기하였다 (2018. 8. 14).

② 중국 상무부는 미국의 관세가 중국의 무역 이익을 손상시켰다고

13 Bown, C., Kolb, M., Trump's Trade War Timeline: An Up-to-Date Guide, Peterson institute for international economics, Oct. 4, 2021.

주장하였다. 구체적으로 국가 안보 위협으로서의 강철 및 알루미늄을 지적하였다. 미국과 EU는 과잉 생산된 철강과 알루미늄 양에 대해 논의할 것이라고 밝혔다(2021. 5. 17). 글로벌 과잉생산 능력은 미국과 EU 철강, 알루미늄 산업을 위협하게 되었다. EU는 미국 수출품에 대해 예정된 보복관세를 일시적으로 중단할 것이라고 발표했으며, 미국과 EU는 공통된 우려를 해결하고 보조금과 기타 무역 왜곡 정책을 지원하는 중국 등 국가에 책임을 묻는 방법에 대해 논의하기로 합의하였다.

③ 기술, 지적재산권(IPR)[14]에 대한 불공정 거래 관행에 대해, 미 무역대표부(USTR)의 캐서린 타이(Katherine Tai)는 중국에 대한 초기 무역정책을 설명하였다(2021. 10. 4). 캐서린 타이는 연설에서 바이든 행정부가 2,000억 달러 구매 약속을 포함한 1단계 합의를 시행할 것이라고 했고, 중국산 미국 수입품의 거의 2/3(약 3,350억 달러)에 달하는 미국 관세로 인해 부정적인 영향을 받는 미국 수입업체에 선택적 구제를 제공하기 위해 새로운 '표적 관세 제외 절차(targeted tariff exclusion process)'를 시작할 것이라고 밝혔다.

④ 국가 안보 위협으로서 트럼프는 자동차 관세 결정을 연기하였다(2019. 5. 17). 트럼프 대통령은 미 상무부가 국가 안보를 위해 '자동차 수입을 조정하는 조치'를 하도록 권고한 후, 자동차 관세 부과 여부에 관한 결정을 연기하였다. 미 무역대표부는 11월 중순까지 EU, 일본과 미 무역대표부가 '적절하다고 판단하는' 기타 국가들과 협정을 협상해야 하는데, 그렇지 않으면 트럼프 행정부에 의한 관세 부과 결정을 받아들여야 한다.

14 Intellectual Property Rights.

⑤ 멕시코의 불법 이민에 대해 트럼프 대통령은 불법 이민을 줄이거나 없애기 위해 멕시코와 합의한 후 예정된 관세를 유예한다고 밝혔다(2019. 6. 7). 멕시코는 '비정규 이주'에 대한 집행을 강화하고 망명 신청자들이 신청 처리를 기다리는 동안 멕시코에 수용하기로 합의했다.

⑥ 미국 반도체 패권 보호에 대해 SMIC(Semiconductor Manufacturing International Corporation)가 개체(entity) 목록에 추가되었다(2020. 12. 18). 미국 상무부는 중국의 주요 반도체 생산업체인 SMIC에 대한 미국 판매를 제한하였다. 이 목록은 반도체 설계, 소프트웨어 및 장비의 미국 수출을 업계 최대 구매자 중 하나로 제한하는 내용이다.

6. EU의 신통상전략

최근 EU의 통상전략 변화를 살펴보면 2006년에는 'Global Europe(글로벌 유럽)'으로 세계에서의 경쟁, 2010년에는 'Trade Growth and World Affairs(무역 성장과 세계 문제)'를 표방한 유럽 2020 전략의 핵심요소로 무역정책, 2015년에는 'Trade for All(모두와 무역)'로 더욱 책임 있는 무역 및 투자정책을, 그리고 2021년에는 'Open Strategic Autonomy(개방형 전략적 자율성)'로 급변하는 무역 환경 변화하에 EU 회원국 기업의 이익을 보호하려는 목적을 신(新)통상전략으로 도입하였다.

2021년의 '개방형 전략적 자율성'은 EU 집행위가 다자주의를 확대하는 가운데 EU 회원국의 이익을 보장하고자 하는데, 최근 다자주의 약화, 양국 간 무역 갈등(Bilateral trade conflicts)[15], 코로나19, 디지털, 탄소 제로 등 EU의 경쟁력을 강화하려는 목적을 가지고 있다.

무역정책을 검토 중인 유럽위원회는 개방적이고 지속 가능하며 적극적인 무역정책을 발표했다. 구체적인 정책 제안을 하는 것이 목적이 아니라, 향후 5년 안에 EU의 무역정책에 대한 전략적 틀을 제공하겠다는 것이다. 무역정책은 세 가지 중기목표를 가지고 있는데 첫 번째, 녹색 및 디지털 전환[16], 두 번째, 보다 지속 가능하고 공정한 세계화를 위한 글로벌 규칙 수립, 세 번째, 자신의 권익에 대한 보다 엄격한 집행이 그것이다. 이러한 목적을 달성하기 위해 통상정책 심사는 다음과 같은 여섯 가지 광범위한 정책 수단을 고려하게 되었다. 첫 번째, 세계무역기구(WTO) 개혁, 두 번째, 책임감 있고 지속 가능한 가치 사슬 촉진[17], 세 번째, 디지털 전환 및 거래 지원[18], 네 번째, EU 규제 영향력 강화, 다섯 번째, 무역상대국 확대[19], 여섯 번째, 공정거래를 위한 EU 무역협정의 이행 및 시행이 그것이다.

2021년 EU의 새로운 무역정책은 '개방형 전략적 자율성'이라는 새로운 접근법에 바탕을 두고 있다. 여기서 '개방'은 글로벌 법칙을 따르고 기후 · 디지털 변환의 목적과 더 잘 연계되기 때문에 '전략적'이며, 스스로 의사결정을 하고 자신의 이익과 권리를 따르기에 '자율적'이라는 것

---

15 미-중, 미-EU.

16 유럽 그린딜 또는 디지털 디케이드 등 일부 조치는 이미 추진되고 있음.

17 기후변화는 향후 무역협정의 일부가 되어야 할 것임.

18 예를 들면, 글로벌 표준에 합의.

19 이웃 국가 및 아프리카와의 EU 파트너십 강화.

이다. 여기에는 EU의 무역정책 목표의 더 큰 전략이 포함되어 있다. 새로운 전략에는 좋은 부분이 많지만, 그것은 또한 향후 5년 동안 EU 무역정책을 둘러싼 논쟁을 촉발할 것이다. EU가 WTO 개혁을 어떻게 추진할 것인가에 대해 EU를 포함한 양자주의 추구는 부분적으로 현 WTO의 위기에 기여했다고 판단된다. 다자주의에 대한 새로운 관심은 EU의 무역정책 접근방식에 상당한 변화를 요구할 것이다. 당초 미국과 함께 WTO를 결성했던 EU는 중국, 저소득층 경제 등 개혁과 관련해 다른 참가국들과 협력해야 할 것이다. EU의 목적은 국가원조, 경제정책, 정부조달, 투자정책, 전자상거래, 기후변화 등과 같은 분야에서 여타 WTO 회원국들의 목적과 점점 충돌하고 있다. 이를 해결하기 위해서는 다양한 협상 옵션의 장단점에 대한 면밀한 분석이 필요하다. 이는 WTO 회원국들의 특정 이익 사이의 균형뿐 아니라 EU 자체 내에서 변화하는 이익도 포함할 것이다. EU의 수입 접근법에 대해 EU는 '표준'을 확대시킨다는 맥락에서만 수입을 언급하고, 수입품이 EU 소비자와 프로세서에 어떻게 이익을 주는지는 언급하지 않고 있다. 수입에 대한 전략적 접근법은 현재 검토에서 빠져 있다. EU 통상정책과 자유무역협정(FTA)에 대한 이전의 접근방식은 수입의 중요성을 인식하고 있다.

현재 검토에는 EU의 산업을 지원하기 위해 중요한 원자재에 대한 접근성 확보를 목적으로 한 EU의 원자재 이니셔티브가 포함되지 않았다. 향후 5년간 핵심은 아프리카를 포함한 주요 원자재와 기타 중요 제품들을 많이 보유한 국가들과 EU가 무역, 투자, 금융 지원, 기타 협력 요소를 포함한 강력한 파트너십을 어떻게 구축할 수 있느냐 하는 것이다.

EU가 무역과 기후변화 정책을 어떻게 조율할 것인가에 대해 이번 무역 검토에서 무역과 기후를 일치시키는 것이 우선시되며, 이를 통해 EU 회원국들의 국익을 반영해야 한다. 검토는 파리협정의 지속 가능한 발전과 이행을 위한 협력의 여건을 조성하는 데 초점을 맞추고, 특별 대우 및 차등 대우를 중심으로 한 약속의 집행을 강화하고자 한다. 그러나 실행 가능한 조치보다 징벌적인 조치를 강조하면 EU의 교역 상대국들을 해칠 위험이 있다.

산업발전을 포함하는 협력사의 우선순위, 저소득 국가(LICs)[20]가 참여하는 공급망에서 연쇄효과를 고려하면서 탄소 국경 조정 등 무역과 기후조치가 효과적이고 공정하게 이행될 수 있을지가 핵심 의제이다.

무역에 영향을 미치는 모든 기후 대응 조치들이 무역정책 검토 메커니즘에 포함되도록 EU가 WTO와 협력할 수 있는지도 또 다른 의문이다. 또한 EU가 LICs와 무역에서 탄소 감소를 지원하기 위한 공통 모니터링, 보고 및 검증 프레임워크를 개발하기 위한 적절한 지원을 어떻게 할 수 있는지가 의문이다.

EU는 세계 디지털 경제를 촉진하기 위해 빠른 속도로 디지털화하고 있지만, 일부 지역과 국가, 기업들은 이들과 같은 속도로 디지털화하지 못하고 있다. EU는 이러한 글로벌 정보 격차를 해소하기 위한 노력을 지원할 필요가 있다. 정보 격차는 중요한 기반 구조의 존재 차이, 데이터 프라이버시 및 지역화와 관련된 적절한 규제, 사이버 보안 및 데이터 흐름, 새로운 기술의 적응, 채택과 사용을 위한 기본 역량(예: 기초 교육), 기타 비디지털 요소(예: 디지털 거래 시 소비자 보호)를 고려 사항으로 두고 있다.

---

20 least industrialized countries.

세계적인 포괄적 디지털 무역 접근법을 지향하지 않는다면, EU의 디지털 전환은 곧 심각한 국제적 장애물이 될 수도 있다.

7. TTC[21]

1) TTC 1차 회의(2021년 9월 29일: USA)

EU와 미국은 2021년 6월 15일 브뤼셀에서 열린 정상회담에서 EU-미국 무역기술위원회(TTC)를 출범시켰다. TTC는 EU와 미국이 주요 세계무역, 경제, 기술 문제에 대한 접근법을 조율하고, 공유된 민주주의 가치를 바탕으로 대서양 횡단무역과 경제 관계를 심화시키는 포럼의 역할을 한다. 미국과 EU는 2021년 9월 29일 피츠버그에서 열린 TTC 창립총회에서 반도체 공급망을 강화하고 비시장 무역 관행을 억제하며 글로벌 기술 기업 규제에 더욱 통일된(harmonized) 접근법을 채택하기 위해 대서양 횡단 협력을 강화하기로 합의하는 공동성명을 발표했으며, 각 당사국은 상대방의 입장을 존중하기로 했다. 양측은 산업별 동향, 투자의 기원, 거래 유형 등 보안에 영향을 미치는 투자 동향에 대한 정보를 교환하기로 합의했다. 또한 그들은 민감한 기술과 데이터를 중심으로 위험

21 Trade and Technology Council.

을 분석하고 해결하는 모범 사례를 공유하기로 합의했다. TTC는 10개의 워킹 그룹으로 이루어졌는데, 일부 그룹은 기술 표준 개발, 공급망 보안 강화, 수출 통제, 투자 심사에 초점을 맞추고 있다. 다른 그룹들은 제3세계 국가에서 안전하고 탄력적인 디지털 연결을 위한 금융을 개발하고, 임의적이거나 불법적인 감시를 다루며, 중소기업의 디지털 도구 접근을 촉진하는 것을 검토하고 있다. 반도체 공급 부족 문제는 미국과 EU 양측의 자동차 생산 제한으로 이어졌다. 인공지능 기술의 확산과 잠재적인 남용은 디지털 상거래에서부터 소수 민족에 대한 감시, 투표, 민주주의 자체에 이르기까지 모든 것에 잠재적인 영향을 미치고 있다. 중국의 국가 주도 경제 모델의 눈부신 발전은 세계경제 통합을 돕기 위한 전략에서 시장경제를 주로 염두에 두었던 전후 무역 시스템에 새로운 도전을 하고 있다. 미국의 바이든 대통령, 우슐라 폰 데어 레옌 EU 집행위원회 위원장, 그리고 찰스 미셸 EU 집행위원장은 지난 2021년 6월 대서양 횡단 포럼을 발족하면서 공동으로 나서기로 하였다.

2021년 9월 29일 펜실베이니아 피츠버그에서, EU와 미국이 만나 무역에 대한 끝이 없어 보이는 문제들의 목록을 정의하고 논의하였다. 그리고 EU와 미국은 TTC를 최초로 만들게 되었다. 그 배경에는 권위주의 정권들이 인권을 억압하고 경쟁과 투자를 왜곡하기 위해 기술 혁신뿐만 아니라 경제정책 수단을 남용할 우려가 있었다. 즉 서구의 민주주의와 시장경제에 직면한 많은 문제가 남아 있다. 참고로 EU와 미국은 과거에 무역과 기술에 대해 의견이 불일치했던 경험이 있다. 기후변화와 같은 세계적인 도전은 대서양 횡단 협력에도 한층 강화된 노력을 기울일 것을 요구하고 있다.

많은 안건에도 불구하고, 피츠버그에서의 첫 번째 TTC 회의는 마지막 순간에 난관이 발생했다. 바이든 행정부가 영국과 협력해 호주의 핵잠수함 도입 계획 지원 및 안보 협정을 하는 것에 불만을 품은 프랑스는 유럽 측에 회의 보이콧을 요구하였다. 이에 바이든 미국 대통령은 마크롱 프랑스 대통령에게 전화를 걸어 긴장을 완화하고 TTC가 계획대로 진행될 수 있도록 하였다. TTC의 책임자는 누구이고 무엇을 다루는지에 대해 EU와 미국은 TTC를 후원할 중요한 고위 관리들 중 몇 명을 임명하였다. 미국 측은 안토니우스 블링켄 국무장관, 캐서린 타이 미 무역대표부 대표, 지나 라이몬도 상무장관이 공동 주최했다. 마르그레테 베스타게르 EU 경쟁 담당 집행위원과 발디스 돔브로브스키 무역 담당 집행위원은 EU 측이다. 추가로 백악관 자체뿐만 아니라 다른 정부 기관도 참여한다. TTC는 무역, 경쟁, 기술, 외교 정책을 아우를 것이다. TTC는 열 개의 문제 중심 작업 그룹으로 시작했다. 주제는 노동자부터 공급망 복원력(예: 반도체), 기술 표준(예: AI, 사물인터넷), 기후정책(예: 탄소 국경 조정 메커니즘), 수출 통제와 외국인 투자 심사 등에 대한 협력 강화, 강제 노동을 고용하거나 운영하지 않는 국가에 대한 조치 등 다양하다.

TTC는 EU-미국 간 자유무역협정이 아니다. EU와 미국 양측은 통상적인 일련의 무역협정 협상을 통해 발생하는 수입 관세에 대하여 상호 인하를 논의할 의사를 표시하지 않는다. 자동차에 대한 EU 관세, 픽업트럭에 대한 미국의 관세 등 특정 제품에 관한 대서양 횡단무역에 대해 평균적으로 고율의 관세가 적용되는 사례를 양측이 갖고 있지만, 각각은 이미 WTO 회원국이 내포한 관세 약정을 통해 상대국 수출국에 상대적으로 낮은 관세를 부과하고 있다. 오바마 행정부 시절 EU와 미국은

〈표 2-3〉 EU-미국 무역기술위원회(TTC)

TTC 워킹 그룹	주제	미국	EU
기술표준협력	인공지능, 사물인터넷 생명공학, 의약품, 의료기기 적층 제조, 로보틱스, 블록체인, 기타 새로운 기술	Commerce	CONNECT GROW
기후와 청정기술	무역과 기술을 포함하는 기후, 에너지 및 환경 이니셔티브	주	CONNECT
		USTR	CLIMA
		에너지	GROW
보안 공급망	반도체 배터리, 중요 미네랄, 활성 의약품 성분	Commerce	TRADE
		주	GROW
		–	CONNECT
ICTS 보안 및 경쟁력	데이터 보안 표준 안전하고 탄력적이며 다양한 통신 및 ICT 인프라 공급망, 5G/6G	주 Commerce	CONNECT
데이터 거버넌스 및 기술 플랫폼	기술 플랫폼, 콘텐츠 규제, 타깃 광고, 빅데이터 사용에 대한 책임 설정	백악관	CONNECT JUST
보안과 인권을 위협하는 기술의 오용	인권을 침해하는 데 사용되는 사이버 위협 및 기술에 대한 대응 정보/허위 정보 작업을 수행하는 사람들 처리	주	CONNECT EEAS JUST
수출 통제 협력	수출 통제 조정, 정보 공유 개선, 인권에 영향을 미치는 감시 기술 등 민감하고 새로운 기술의 위험 평가	Commerce	TRADE
투자심사 협력	외국인 투자 심사를 위한 정보 공유 개선	재무부 주	TRADE
디지털 기술의 중소기업 접근 및 활용 촉진	중소기업이 더 많은 고객에게 다가가고, 디지털 기술이 소외된 지역사회에 혜택을 줄 수 있도록 지원	Commerce	GROW CONNECT
글로벌 무역 과제	비시장경제에 대한 무역정책 서로 거래하는 데 있어서 새로운 기술적 장벽 방지 강제 노동을 포함한 무역과 노동 기타	USTR	TRADE

자료: https://www.piie.com.

TTIP라는 포괄적 협정에 대한 협상을 시도했었다. 이 협상은 2013년에 시작됐지만, 2017년 1월 오바마 대통령이 퇴임하기 전까지 결론을 내지 못했다. 트럼프 행정부는 회담을 지속하는 것에 관심을 보이지 않았다. EU 이사회는 2019년 4월 TTIP 협상을 '무조건'으로 선언했고, 당시 TTIP는 공산품에 대한 관세 인하를 놓고 트럼프 대통령과 더 제한적인 관계를 갖기 시작했다. 2020년 8월 바닷가재에 대한 관세 인하, 그리고 준비된 내용이 포함된 협상 이상의 결과는 거의 없었다. TTC는 과거 대서양 횡단 협상가들의 발목을 잡았던 투자자-국가분쟁해결(ISDS)[22]을 피하려는 의도로 보인다.

규제 환경은 그들의 투자에 경제적 피해를 주었다. 그러나 TTC는 농산물 수입에 대한 시장 접근성, 오래된 기술적 무역장벽[23], 농업 보조금 등을 포함한 농업 문제도 언급하지 않는다. 핫이슈인 정부 조달 문제에 대해서도 언급이 없다. TTC 지도자들은 TTIP의 실패로 인한 다른 중요한 교훈을 배웠을지도 모른다. 투명성의 부족은 특히 유럽에서 TTIP가 인기가 없는 원인이다. 유럽위원회는 1차 회의 전부터 시민사회 단체와 함께 TTC에 대한 공개 브리핑을 진행하였다. TTC에 국한되지는 않지만, USTR은 바이든 행정부의 전체 '노동자 중심' 무역정책을 위해 투명성과 포용성을 우선시한다.

유럽 관리들은 TTC가 단순히 중국을 향한 비생산적인 목적이 되는 것을 피하고 싶어 한다. 유럽과 미국 외 다수 국가에서 트럼프 대통령의

22 Investor State Dispute Settlement.

23 예를 들면 유전자 변형 식품, 지리적 표시.

무역전쟁과 관세 접근, 1단계 합의는 물론 중국과 미국의 지속적인 긴장 관계는 모두 미국이 중국과 일방적으로 대치하면서 별 진전을 보지 못했다는 신호이다. 프랑스, 독일 등 EU 회원국들은 대체로 중국과의 새로운 냉전을 피하고 싶어 한다. 반면 바이든 행정부는 TTC를 '동맹국들과 협력'하기 위해 트럼프의 일방적 접근 방식과 차별화하겠다는 선거공약을 이행하는 데 사용할 1차 수단 중 하나로 보고 있다. 양측이 어떻게 목표를 달성할지는 계속 지켜볼 일이다. 중국의 무역과 기술 접근법에 대해 EU와 미국의 우려가 공존하고 있다. 2020년 12월 EU는 '중국의 국제적 주장이 제기하는 전략적 도전'을 지지한 새로운 협력 청사진을 발표하며 미국의 새 행정부에 서약했다. 따라서 첫 번째 TTC 적용은 '전략적 도전'의 어떤 부분이 공동으로 우려할 만한 가치가 있는지를 단순히 식별하는 것이다. 분명한 내용은 수출 통제와 외국인 투자 심사 조정 개선, AI 등 기술 기준 개선, 비시장적 경제 및 강제 노동 문제 해결방안 논의 등이다.

'중공업 중심'에서 '기술 중심지'로 경제 변혁을 겪고 있는 미국의 피츠버그에서 2021년 9월 29일 첫 TTC 정상회의가 개최되었다. 정기적인 정상회담을 통해 비교적 지속적으로 직원의 참여가 이루어질 가능성이 크다. 심지어 TTC는 반영구적인 포럼이 될 수도 있는데, 문제는 여전히 남아 있고 확대될 것이 확실하며, 논의의 중단은 계획되지 않았기 때문이다. 실제로 TTC는 최종 문서에 도달하기 위한 협상보다는 EU와 미국의 국내 정책 입안자들이 외국 정책 입안자들과 지속적인 대화를 하는 기관으로 더 잘 이해된다.

트럼프 행정부는 무역정책에 대한 고의적인 방치를 통해 EU와 미국 간 무역 관계를 파기했다. 이로 인해 미국과 EU는 대서양 횡단무역에서 충돌했다. 새로운 세대의 미국과 EU 고위 정책 입안자들을 다시 연결하는 것은 필요한 대책이다. 이와 같은 측면에서 TTC는 긍정적인 역할을 하는 것으로 기대해야 한다.

바이든 행정부는 직접적인 채널과 반복된 상호작용, 신뢰 구축 방법 등이 없다면 호주, 영국과의 안보협력 발표와 마찬가지로 정책 오보로 계속 난항이 반복될 수 있어 TTC 착수 회의를 위협한 프랑스와의 갈등으로 이어질 수 있다. 아프가니스탄 철수, 코로나19 백신에 대한 지적재산권 보호 포기에 관해 협상하기로 한 결정에 대한 세부사항을 포함했다. 기대를 굳게 지지하는 한편 양측은 피츠버그에서 TTC 임무 성명을 발표하였다. 강제 노동뿐만 아니라 반도체, 수출 통제, 투자 심사 등 일부 워킹 그룹의 주제는 다른 그룹보다 더 협상이 어렵다. 반면 피츠버그 참석자들은 트럼프 대통령의 철강 · 알루미늄 관세를 어떻게 할지, WTO의 분쟁 해결을 위한 변경 협상을 어떻게 할지 등 다른 어려운 양자 간 민감한 이슈는 제쳐놓아야 할 수도 있다. 그럼에도 미국과 EU 정책 입안자들을 직접 만나서 시작하는 것은 양측 무역의 진전을 위해 필요한 신호이다.

EU-미국 무역기술위원회는 대서양 횡단 협력을 위한, 그리고 이해관계자의 참여를 위한 협의 플랫폼을 가동하였다. 이 위원회는 EU-미국 무역기술위원회에 온라인 자문 플랫폼을 출범시켜 이해관계자들이 서로의 견해를 공유하였다(2021. 10. 18). 2021년 9월 피츠버그에서 열린 첫 회의 이후 EU와 미국의 대표들은 주요 글로벌 기술, 경제, 무역 문제에 관한 공동의 접근 방식에 대해 이해 당사자들과 긴밀하게 협의하는 것의 중요성을 인식하고 약속에 합의했다. 이러한 맥락에서 위원회는 TTC와 관련된 모든 이해관계자의 의견을 수집하기 위해 온라인 '미래' 플랫폼에 원스톱 장소를 만들었다. 이를 통해 무역에 대한 공통적인 제안을 할 수 있도록 하였다. 시민 사회를 전반적으로 형성하는 '기업, 싱크탱크, 노동자, 비영리 및 환경단체, 학계와 기타 당사자들'이 EU-미국 협력을 위한 필수적인 행위자로서 성공적으로 기여하도록 한다. 온라인 미래 플랫폼은 간단한 등록만 하면 누구나 이용할 수 있다. 온라인 미래 플랫폼을 통해 이해 당사자들이 10개의 특정 TTC 워킹 그룹에서 기업, 싱크탱크, 노동자, 비영리 및 환경단체, 학계 및 기타 당사자들의 목소리를 들을 수 있도록 한다. 이 웹사이트를 통해 기업, 싱크탱크, 노동자, 비영리 및 환경단체, 학계와 기타 당사자들은 그들의 견해를 전달할 수 있을 뿐 아니라, 서로 다른 워킹 그룹의 진행 상황에 대한 중요한 회사 정보를 확보할 수 있다. TTC 공동 의장은 다음과 같이 선언하였다. "이번 EU-미국 무역기술위원회 창립총회는 대서양 횡단무역과 투자를 확대, 심화시키고 21세기 경제의 규칙을 변경하기 위한 공동의 약속을 한다."

TTC의 10개 워킹 그룹은 기술 표준에 대한 협력, 글로벌 무역 도전 및 공급망 보안, 기후 및 녹색 기술, ICT 보안 및 경쟁력, 데이터 거버넌스 및 기술 플랫폼, 보안과 인권을 위협하는 기술의 오용, 수출 규제, 중소기업에 의한 투자 심사, 디지털 기술에 대한 접근 및 사용 등 다양한 과제를 해결하게 된다. 미국 측은 유럽 파트너들과의 유대관계를 구축하는 등 자신과 노동자에게 투자함으로써 기술 및 첨단산업의 허브로 재탄생한 피츠버그를 이번 첫 만남의 장소로 선택하였다.

2) TTC 2차 회의(2022년 5월 15~16일: Paris, France)[24]

유럽연합과 미국은 2021년 6월 15일 브뤼셀에서 열린 정상회담에서 EU-미국 무역 및 기술이사회(TTC)를 개최할 것을 발표했다. TTC는 유럽연합과 미국이 주요 무역과 기술 문제를 해결하기 위한 접근 방식을 조율하고, 공유된 민주주의 가치를 바탕으로 대서양 횡단 협력을 심화시키는 포럼 역할을 한다. TTC의 창립총회는 2021년 9월 29일에 열렸다. 회의에 이어 표준, 인공지능, 반도체, 수출 규제, 글로벌 무역과제 등 현안을 다루는 10개 워킹 그룹이 조성되었다. 미국 피츠버그에서 2021년 9월 29일에 창립총회가 열렸고 2022년 봄에 두 번째 회의가 프랑스 파리에서 열렸다. 다음 회의는 미국에서 2022년 말 이전에 계획되어 있다.

러시아의 우크라이나 침공, 코로나19 팬데믹 등으로 인한 격동의 시기에 새로운 파트너십 강화가 필요한 시점이다. 이와 같은 시점에 미국과 EU는 2차 TTC 회의를 개최하게 되었다. EU와 미국은 2022년 5월 "민주주의, 자유와 인권에 대한 공동의 약속"에 따라 "글로벌 무역 및 기술 문제를 해결하기 위한 긴밀한 협력을 재확인"하였다. 파리에서 열린 TTC 제2차 각료회의에서 양측은 새로운 대서양 파트너십을 위한 TTC의 중심 역할을 재차 강조하였다.

EU와 미국의 공동 의장은 다음과 같이 구성되어 있다. EU 측은 마르그레테 베스타게르(Margrethe Vestager) 경쟁 담당 집행위원, 발디스 돔브로

24 https://ec.europa.eu/commission/presscorner/detail/en/IP_22_3034.

브스키(Valdis Dombrovskis) 통상 담당 집행위원, 티에리 브르통(Thierry Breton) 내부시장 집행위원이다. 미국 측은 안토니 블링컨 국무부장관, 지나 레이몬드 상무부 장관, 캐서린 타이 미 무역대표부 대표이다.

① 마르그레테 베스타게르

디지털 시대에 적합한 유럽 담당 부사장이자 TTC의 공동 의장인 마르그레테 베스타게르[25]는 다음과 같이 말했다. "이러한 협력은 전쟁에 대한 우리의 반응을 넘어선 것이다. 우리는 대서양 횡단 파트너와 함께 개인의 존엄성과 무결성을 기반으로 하는 인터넷의 민주적 거버넌스와 경제에 대한 긍정적인 비전을 이룰 수 있다. 우리가 함께 행동할 때 미래 경제의 기준을 세울 수 있다. 우리가 힘을 합치고 두 명의 결연한 파트너가 앞장서면 전세를 뒤집을 수 있다."

② 발디스 돔브로브스키

TTC의 공동 의장인 발디스 돔브로브스키[26]는 "이 두 번째 TTC 회의에서 새롭게 부상하는 글로벌 무역 문제를 해결하기 위해 미국과의 협력을 확대하기로 합의한 것을 기쁘게 생각한다. 신뢰할 수 있는 파트너로 일하고 있다. 우리는 공급망을 확보하고 글로벌 식량 안보를 강화하기 위해 긴밀히 협력할 것이다. 우리는 러시아의 수출 통제에 대한 전례

---

25 Margrethe Vestager: Executive Vice-President for a Europe fit for the Digital Age and co-chair of the TTC.

26 Valdis Dombrovskis: Executive Vice-President and Commissioner for Trade and co-chair of the TTC.

없는 대서양 횡단 협력을 바탕으로 이 중요한 분야에서 우리의 접근 방식을 더욱 일치시키고 우크라이나와의 무역을 촉진할 것이다. 녹색 공공조달 등 녹색무역 활성화에도 협력할 것이다."라고 말했다.

③ 티에리 브르통

내부시장 커미셔너(Commissioner for Internal Market)인 티에리 브르통은 다음과 같이 덧붙였다. "나는 백신 성분의 공급망 병목 현상에 대해 미국과 성공적으로 협력했는데, 원자재에서 반도체에 이르기까지 다른 영역에서 공급망 복원력을 강화하려는 공동의 야심을 보게 된 것을 기쁘게 생각한다. 파리 정상회담은 무역기술위원회가 대서양 횡단 대화를 구체적인 결과로 바꾸는 중요한 순간이다."

제2차 TTC 각료회의의 주요 성과는 다음과 같다.

① 우크라이나에 대한 지원

TTC의 공동 의장들은 러시아의 군사적 침략에 맞서 우크라이나를 지원하겠다는 강력한 공동의 의지를 표명했으며 TTC 내에서 이미 이행된 구체적인 조치에 동의했다. 또한 TTC의 공동 의장들은 경제를 재건하고 무역과 투자를 촉진하기 위해 우크라이나와 협력하기로 약속했다.

② **정보 무결성**[27](Information Integrity)

그들은 위기 상황에서 정보 무결성을 지원하기 위한 협력을 강화하기로 합의했으며, 처음에는 모든 위기 상황에서 협력 프레임워크를 수립하게 될 러시아의 정보 조작 및 간섭을 식별하기 위한 공통 분석 프레임워크에 초점을 맞추었다.

③ **무역과 노동 대화**(Trade and Labor Dialogue)

공동 대표들은 강제노동과 아동노동의 근절을 포함하여 국제적으로 인정된 노동권을 공동으로 증진하기 위해 노사정 대화를 설립하기로 합의했다.

④ **수출 규제**(Export Controls)

TTC에서의 협력은 항공우주와 사이버 감시와 같은 첨단 기술에 대한 수출 통제의 신속하고 정렬된(aligned) 배치로 러시아의 산업과 군사 능력의 발전을 약화하는 데 중요한 역할을 해왔다. EU와 미국은 이러한 강력한 협업을 구축하고 강화하기로 약속했다.

⑤ **안전한 공급망**(Secure Supply Chain)

글로벌 공급망들이 러시아의 우크라이나 침공으로 더욱 어려움을 겪고 있는 가운데, 미국과 EU는 공급망의 복원력을 높이기 위한 긴밀한

---

27 정보 · 통신에서 데이터의 정보가 변경되거나 오염되지 않도록 하는 원칙을 의미한다. 네트워크에서 데이터 전송 시 비인가 접속자가 데이터를 변경하거나 위조하지 않았다는 것을 나타낸다(네이버 사전).

협력이 그 어느 때보다 중요하다는 데 의견을 같이했다. 예를 들어, EU와 미국은 반도체 가치사슬에 대한 공통의 조기 경고 및 모니터링 메커니즘을 개발하여 공급 차질에 대한 인식과 대비, 보조금 경쟁을 피하기 위한 정보 교환을 강화하기로 합의했다. 제3국의 안전하고 탄력적인 디지털 기반 구조를 위한 공공 자금 조달에 관한 전담 태스크 포스는 중요한 공통의 원칙에 기초하여 제3국의 디지털 프로젝트에 대한 미국-EU 간 공공 자금 조달의 길을 닦아야 한다.

⑥ 기술 표준(Technology Standards)

신흥 기술 분야에서, EU와 미국은 국제 표준화 활동에서 공동의 이익을 증진하고 방어하기 위해 전략 표준화 정보(Strategic Standardisation Information(SSI)) 메커니즘을 설립하기로 합의했다. 양측은 AI, 적층 제조, 자재 재활용 또는 사물인터넷과 같은 공유된 전략적인 관심(shared strategic interes) 분야에서 조정되고 상호 운용 가능한 기술 표준의 개발을 촉진하기 위해 노력할 것이다.

⑦ 인공지능(Artificial Intelligence)

미국과 EU는 공통된 AI 원칙 구현에 대해 추가로 논의하고 신뢰할 수 있는 AI, 리스크 관리를 위한 평가 및 측정 도구에 대한 공동 로드맵을 개발하기로 합의했다.

⑧ 플랫폼 거버넌스(Platform Governance)

EU와 미국은 인터넷의 미래를 위한 선언과 유럽의 디지털 권리와 원칙에 대한 선언에 따라 개방적이고, 글로벌하며, 상호 운용할 수 있고, 신뢰할 수 있으며, 안전한 인터넷에 대한 지지를 재확인했다. 게다가 유럽연합과 미국은 플랫폼 거버넌스의 주요 측면에 대한 협력을 강화하기로 합의했다.

⑨ 중소기업 기술 액세스(SMEs Access to Technology)

EU와 미국은 중소기업이 사이버 보안을 강화할 수 있는 방법에 대한 자료를 포함한 공동 모범 사례 가이드를 발간했다.

⑩ 무역과 기술의 환경 및 기후 측면(Environmental and Climate Aspects of Trade and Technology)

지속 가능성을 촉진하는 것은 TTC의 대단한 의욕(overarching ambition)이다. 그러한 정신으로, 장관들은 환경 재화와 서비스의 보급을 촉진하는 데 있어 무역이 할 수 있는 역할에 대한 더 나은 이해를 촉진하는 것을 포함하여 무역과 환경/기후 문제에 대해 작업하는 데 동의하였다.

⑪ 무역장벽(Trade Barriers)

장관들(Ministers)은 양자 간 및 제3국과의 관계 모두에서 잠재적인(potential) 새로운 무역장벽에 대한 교환, 정부 조달 및 적합성 평가에 대한 협력 증대를 포함한 대서양 횡단무역과 투자를 증가시키는 데 도움이 되는 해결책에 협력하기로 합의했다. 또한 장관들은 서로에 대한 부수적인 결과(collateral consequences)를 피하면서 비시장적인 정책(non-market policies)을 다루기 위한 노력을 조정하기로 합의했다.

8. 강화된 EU 수출 통제 규칙

EU는 새로운 안보 리스크와 신흥 기술에 대한 대응 능력을 강화하고자 한다. 새로운 수출 통제 규제가 발효(2021. 9. 9)되며 이중 사용 기술[28] 품목인 민간 물품과 군사 또는 보안 사용이 가능한 기술에 대한 통제, EU의 인권 보호 및 전략 품목의 안전한 공급망 지원 역량을 강화하기로 했다. 발디스 돔브로브스키 EU 통상담당 집행부 부대표 겸 집행위원은 "변화하는 세상에서 새로운 위협에 더 잘 대응해야 한다. 이것은 인권 침해에 악용될 수 있는 사이버 감시 기술을 포함한 기술을 더 잘 파악한다는 것을 의미한다. 이러한 새로운 EU 규정 덕분에, EU 국가들은 동맹국들과 생명공학, 인공지능, 그리고 다른 새로운 기술로부터 야기되는 잠재적인 보안 위험에 대해 더욱 긴밀히 협력할 것이다."라고 말했다. 또한 발디스 돔브로브스키는 새로운 EU-미국 무역기술협의회의 맥락에서 기업들을 위한 공정한 경쟁의 장이 마련될 수 있도록 협력할 것이라고 말했다. 새로운 프레임워크는 EU가 전문성을 가지고 실사 가이드라인이 준비 중인 사이버 감시, 첨단 컴퓨팅과 같은 새로운 이중 사용 기술과 관련하여 특정 과제를 해결하기 위해 여러 가지 중요한 조치를 할 수 있도록 하는 것이다. 이 규정은 회원국들과 위원회 간의 협의와 보고 수준을 높임으로써 투명성을 더 높이고 EU 4개 회원국에서 이미 시범적으로 운영된 새로운 EU 전자 라이선스 플랫폼 개발에 기여한다. 이 규정은 다국 간, 양자 간 수준에서 EU의 조치에 대한 법적 근거를 제공하

28 double use technology.

며[29] 기존의 다자 간 수출 통제 체계인 바세나르 협정(Wassenaar Agreement)에 기초하고 있다. 위원회는 2009년부터 이 규정을 대체하기 위해 민감한 이중 사용 품목인 상품과 기술의 수출 통제를 현대화하기 위한 입법을 제안하였다(2016. 9). 이러한 품목은 민간 용도가 많지만, 국방, 정보 및 법 집행 목적[30]에도 사용할 수 있으며 인권 침해에도 악용될 수 있다.

새로운 규정에는 포괄적인 '시스템 업그레이드'에 대한 위원회의 제안이 다수 포함되어 있으며, 다음과 같은 방법으로 기존의 EU 수출 통제 시스템을 보다 효과적으로 만들 것이다.

· 새로운 '인간 보안' 차원을 도입하여 EU는 인권 보호를 포함해 국가 및 국제 안보에 위험을 초래하는 새로운 이중 사용 기술, 특히 사이버 감시 기술에 의해 제기되는 어려움에 대응할 수 있다.

· 허가 절차를 단순화 및 조정하고 위원회가 '간소화' 절차, 즉 위임된 법률에 따라 특정 형태의 통제를 받는 품목 또는 대상 목록을 수정하도록 허용함으로써 수출 통제 시스템을 더욱 원활하게 만들고 상황에 맞게 진화 · 조정할 수 있게 한다.

· 면허(license) 결정의 투명성을 높이기 위해 면허 당국과 위원회 간의 정보 교환을 강화한다. 인허가 기관과 집행 기관 간의 보안 전자 정보 교환 강화를 포함한 강력한 통제 시행에 대한 조정 및 지원을 한다.

· 회원국 면허(license), 집행 기관을 위한 EU 역량 강화 및 훈련 프로그램을 개발한다.

---

29 통제의 효율성은 주요 기술 생산자의 협력에 달려 있음을 인식함.

30 핵 및 특수 재료, 통신, 전자 및 컴퓨터, 우주 및 항공우주, 해양 장비 등.

· 이해 당사자들과의 산업 및 투명성 제고, 회원국 전문가들로 구성된 관련 위원회 그룹의 이해관계자 협의를 통해 민간 부문과의 구조화된 관계를 개발한다.

· 제3국과 보다 강력한 대화를 가능하게 하고 글로벌 수준에서 공정한 경쟁의 장을 모색한다.

9. 러시아와 우크라이나 전쟁

러시아와 우크라이나 전쟁을 통해 EU의 대러시아 에너지 의존도를 줄이고 상대적으로 미국으로부터 에너지를 수입하는 전략을 기대한다. EU는 대러시아 무역의존도[31] 완화를 위해서 2030년까지 미국으로부터 액화천연가스를 매년 500억m^3 수입할 것을 미국과 합의했다. EU 집행위원장은 대러시아 에너지 의존도를 줄이기 위해 미국으로부터의 LNG 수입과 신재생에너지 활용 확대 전략을 펼칠 것으로 예상된다. 문제는 미국이 EU로 LNG를 수출하는 정책을 계속 유지할 것인지이다. 또한 추가적인 LNG 플랜트 증설 계획이 없는 상황에서 주어진 LNG 총량으로 EU 수출을 늘리기 위해서는 미국의 여타 국가로의 수출량을 조절해야 하는데, 다른 국가들이 미국으로부터의 LNG

31 EU는 LNG 전체 수요의 약 45%를 러시아에 의존하고 있다.

수입량을 줄이지 않을 경우 LNG의 EU 수출에 차질이 발생할 가능성도 있다.

10. 기타: 디지털세, 프라이버시 실드, 탄소 국경세

1) 디지털세[32], 프라이버시 실드(Privacy Shields)[33]

글로벌 대기업[34]이 수익을 창출한 국가에 세금을 내게 하는 '디지털세'가 있다. 디지털세에 대한 각국의 합의가 이루어진 가운데, 2023년 계획된 과세 발동 시기가 늦어질 가능성이 제기된다. OECD와 G20 포괄적 이행체계는 총회를 열고 글로벌 기업의 매출발생국(시장소재국) 과세권 배분(필라 1)과 글로벌 최저세 도입(필라 2)에 대한 최종 합의문과 시행 계획을 공개했다(2021. 10. 9). '필라 1'은 연간 매출액 200억 유로(약 27조 원) 이상, 영업이익률 10% 이상인 다국적 기업들이 본국이 아닌 시장소재국에도 세금을 내도록 하는 것이다. 과세 대상 기업이 영업이익률 10%를 초과해 이익을 얻었다면, 초과 이익의 일정 비율에 대해서는 고정 사

---

32 https://www.ucl.ac.uk/european-institute/sites/european-institute/files/privacy_shield_brexit_and_the_future_of_transatlantic_data_flows_1.pdf.

33 Cory, N., Dick, E., and Castro, D. 2020. The role and value of standard contractual clauses in EU-U.S. Digital Trade, Information Technology & Innovation Foundation, pp. 1-33.

34 구글, 페이스북 등.

업장에 없는 시장소재국도 과세할 수 있게 된다. '필라 2'에서는 글로벌 최저세율이 15%로 확정되었다. 특정 국가가 다국적 기업의 자회사에 15%보다 낮은 법인세율을 적용할 경우, 해당 기업의 최종 모회사의 소재지인 국가가 거치지 못한 세액에 대한 세금을 걷도록 하는 것이며 시행은 2023년부터이다. 하지만 미국에서 자국 기업 과세권을 해외로 돌리는 법안을 통과시키기는 쉽지 않다. 다시 말하면, 미국의 경우 디지털세 비준을 위해 상원의회에서 최소 3분의 2 이상의 동의를 얻어야 하는데, 미국의 글로벌 기업에 대한 과세권을 일부 해외로 돌리는 법안을 통과시키기는 쉽지 않다.

표준계약조항(SCCs)[35,36]은 미국과 EU에서 무역과 혁신을 추진하는 많은 기업이 대서양을 횡단(trans-Atlantic)하는 개인 데이터의 전송을 관리하기 위해 사용하는데, 중요하면서도 위협적인 법적 조항이다. 유럽사법재판소[37]가 5,000개 이상의 중소기업이 사용한, 데이터 전송을 위한 또 다른 핵심 도구인 EU-U.S. 프라이버시 실드(Privacy Shield, 유럽과 미국 이용자들이 개인정보를 주고받을 수 있는 협약)를 무효화한 이후에 SCCs는 더욱 중요해졌다. SCCs는 EU에서 미국으로 데이터를 전송하는 조직이 이용할 수 있는, 확장성이 있고 광범위하게 접근할 수 있는 유일한 법적 도구이다. 대부분의 정책 입안자들은 SCCs의 역할과 가치를 제대로 이해하거나 인식

---

35 Standard Contractual Clauses(SCCs).

36 Cory et al.(2020), p. 2. 표준계약조항은 'SCCs'라고도 하고 종종 '모델 계약(model contracts)'이라고도 불린다. EU의 일반 데이터 보호규정에 따라 EU에서 전 세계로 개인 데이터를 전송하기 위해 사전 승인된 법적 조항이다. SCCs는 EU 외부로 개인 데이터를 전송하기 위해 가장 널리 사용되는 법적인 메커니즘 가운데 하나이다. 많은 국가의 기업들이 SCCs에 의존한다. 유럽고등법원은 SCCs를 무효화하지 않았으나 슈렘스 II는 보완책의 필요성을 명시하였다.

37 European Court of Justice(ECJ).

하지 못하고 있다. 이로 인해 EU와 미국의 정책 입안자들은 SCCs와 데이터 전송에 대한 논의의 법리적 성격에 주의를 빼앗겨 큰 그림을 놓치고 있다. 이에 따라 기업이 현대 무역의 핵심인 데이터를 전송하기 위해 사용할 명확하고 일관성 있으며 예측 가능한 프레임워크를 구축하는 데 실패할 위험이 있다.

19세기 기업이 무역용 상품을 운반하는 화물 컨테이너에 대해 명확하고 예측 가능하며 합리적인 문서와 절차가 필요한 것과 같이, 21세기 기업도 EU-미국 간 디지털 무역을 위한 개인 데이터의 원활한 이동을 가능하게 하는 명확하고 접근성 있으며 예측 가능한 법적 프레임워크가 필요하다. '모델 계약'이라고도 불리는 SCCs는 유럽위원회가 사전에 승인한 일련의 법률 조항이다. 데이터 수출업자와 수입업자가 국경을 넘나드는 데이터 전송에 관여하려면 계약을 할 때 이러한 조항을 포함해야 한다.

유럽위원회에는 세 개의 SCCs 세트가 있다. 두 개는 ① EU의 데이터 컨트롤러에서 EU의 데이터 컨트롤러로 구성되어 있고, 다른 하나는 ② EU의 데이터 컨트롤러에서 비EU 혹은 EEA 프로세서로의 데이터 전송으로 구성되어 있다. 첫 번째는 기업 그룹 내 데이터 교환이고 두 번째는 데이터를 제3의 벤더로 내보내는 것이다. SCCs는 다음과 같이 사용된다. 예를 들면 독일 기업은 급여 처리를 위해 미국 급여 회사와 계약을 체결하고자 할 때 컨트롤러 대 프로세서 SCCs를 사용할 수 있다. 또 프랑스 여행사는 컨트롤러 대 컨트롤러 SCCs를 사용하여 예약에 관한 데이터를 미국 호텔에 전송할 수 있다. SCCs의 주요 목적 가운데 하나는 개인 데이터 회사가 데이터 이전 시 이전하는 개인에 대한 권리를 확립하고, 이러한 개인이 데이터 수입업체와 데이터 수출업체에 대해 권리를 직접 집행할 수 있도록 하는 것이다. SCCs는 미국과 EU 그리고 다른 회사들에 의해 EU에서 전 세계 국가들로 개인 데이터를 전송하기 위해 가장 광범위하게 사용되는 메커니즘 중 하나이다. SCCs의 한계는 개인 데이터에 대한 정부의 의무적인 접근을 제한하지 않는다는 것이다. SCCs가 외국 정부의 합법적인 데이터 요청을 거부할 수 없기 때문에 ECJ(유럽사법재판소), 유럽위원회, EDPB는 기술적 · 계약적 · 조직적인 추가적인 보호장치를 통해 적절한 보호를 보장하기 위해 데이터 전송에 대한 책임이 커지고 있다. 그러나 궁극적으로 정책 입안자는 합법적인 정부의 요청, 특히 국가 안보와 관련된 요청에 대해 상업적인 행위자가 합리적으로 할 수 있는 일에 한계가 있음을 인식해야 한다.

아일랜드 데이터 보호[38] 위원회의 페이스북 예비명령이 SCCs에 어떤 의미가 있는가에 대해 SCCs는 조사 확대와 잠재적인 주요 개혁에 직면하고 있다. 페이스북의 아일랜드 법원 소송 결과와 EDPB의 최종 조언에 따라 SCCs는 앞으로 훨씬 더 번거롭고 제한적일 수 있다. 페이스북은 SCCs에 의존하여 미국을 비롯한 외부 국가로 데이터를 전송하였다. EU 회원국의 데이터 보호 당국은 개별 데이터가 국가로 전송되는지 여부를 결정할 수 있다. 2020년 8월 말 아일랜드의 DPC는 EU 사용자 데이터를 미국으로 전송하는 모든 것을 중단할 것을 요구하는 예비명령을 페이스북에 보냈다. 즉 아일랜드 고등법원은 페이스북이 EU 개인 데이터를 미국으로 전송하는 것을 중단하라는 DPC의 예비 정지명령을 일

38 미국의 데이터 개인정보 보호 시스템. EU와 영국에서 '데이터 보호'라는 용어는 미국에서는 '데이터 프라이버시(또는 '정보 프라이버시')'라고 정의된다(Patel and Lea(2020)).

시적으로 중단하도록 승인하였다. 이는 EU 데이터 보호 당국이 취한 첫 번째 단계이다. 아일랜드에서 발생한 페이스북의 사례는 대서양 횡단 디지털 거래에 잠재적으로 광범위한 의미를 가지고 있다. ECJ는 기업이 데이터 전송을 관리하는 데 더 주의해야 하고 SCCs가 유효한 데이터 전송 메커니즘을 유지하기 위한 추가 조치를 해야 한다고 설명하였지만 이것이 정확히 무엇인지는 명시하지 않았다. ECJ는 경우에 따라서 수입국의 법률이 EU 데이터 보호 표준과 직접 충돌할 수 있음을 발견하였다. 이 경우 SCCs는 해당 국가로 전송되는 데이터에 대해 적절한 수준의 보호를 제공하기에 충분하지 않다.

대서양 횡단무역 관계의 모든 부문에 걸쳐 크고 작은 기업은 프라이버시 실드가 무효화된 이후 EU 개인 데이터를 국제적으로 전송하는 데 상당한 비용이 들고 불확실성에 직면해 있다. 점점 더 많은 기업이 SCCs를 사용하기를 원하고 있으나, SCCs는 현재 사용하기가 훨씬 어렵고 번거로우면서도 불확실한 미래에 직면해 있다. 중소기업을 포함한 많은 기업은 자신이 제3국 감시 및 기타 데이터 관련 법률의 전문가가 되어야 한다는 사실을 당연히 싫어할 것이다. EU는 기업이 데이터를 보호하기 위해 최고의 암호화를 사용하도록 요구하는 합리적인 중간 지점을 찾아야 한다. 하지만 시장과 관할 구역에서 운영하는 능력에 불필요한 영향을 미치지 않도록 데이터를 관리할 수 있게 허용해야 한다. 중소기업과 신생기업은 프라이버시 실드의 무효화, SCCs로의 전환 필요성, 미국과 기타 국가와의 데이터 전송 및 디지털 거래에 대한 광범위한 불확실성으로 인해 불균형적으로 영향을 받을 것이다. 궁극적으로 데이터 전송이 매우 복잡하고 비용이 많이 들며 불확실해 EU는 세계 최대의 데이터 현지화 요구에 맞닥뜨릴 것이다.

〈표 2-4〉 연방 개인정보 보호법

연방 개인정보 보호법	주요 목적
공정신용보고법 (FCRA, 1970)	신용 보고서 파일에 포함된 개인 데이터의 정확성과 개인정보 보호 촉진
개인정보 보호법 (1974)	연방 기관에 의해 처리되는 개인 데이터의 수집, 사용, 보급을 통제
전자통신 개인정보법 (ECPA, 1986)	컴퓨터에 의한 자료의 전자 송신을 포함한 감청에 대한 제한 확대
비디오 개인정보 보호법 (VPA, 1988)	소비자 비디오의 개인정보 보호(기타 시청각 자료), 임대 또는 판매 기록
아이들의 온라인 사생활 보호법 (COPPA, 1998)	13세 미만 아동 개인정보의 온라인 수집 관리
건강보험 휴대성 및 책임법 (HIPAA, 1996)	의료 산업 및 보험 회사에 의해 개인 데이터를 관리 및 처리하는 방법
그램(Gramm)-리치(Leach)-블리(Bliley)법 (GLBA, 1999)	고객 데이터 공유 방식을 설명하기 위해, 민감한 데이터 보호를 위해 금융기관 요구
경제 및 임상보건법을 위한 건강정보기술 (HITECH, 2009)	HIPAA 입법을 위한 다양한 기능 향상 (예: 더 엄격한 데이터 침해와 같은 법률)

자료: Patel and Lea(2020), p. 4.

SCC는 미국, EU 및 기타 기업[39]이 개인 데이터를 EU에서 전 세계로 전송하기 위해 가장 널리 사용하는 메커니즘 중 하나이다.[40] IAPP(International Association of Privacy Professionals)-EY 2019년 연례 거버넌스 보고서는 EU와 미국 370명의 프라이버시 전문가를 대상으로 한 조사에서 2019년 88%가 SCC를 사용했다고 보고했다. 마찬가지로, 최근 비즈니스 유럽, 디지털 유럽, 유럽 산업 라운드 테이블 및 유럽 자동차 제

39 소비자 대면 부문뿐만 아니라 광범위한 부문.

40 'Digital Europe Survey'에 따르면 SCC는 전 세계적으로 데이터를 전송하는 데 사용된다. SCC를 사용하고 EEA에서 데이터를 전송하는 지역을 알고 있는 응답자(172명)를 대상으로 분석한 결과이다(Digital Europe Survey).

조업체 협회의 공동 조사에서도 292명의 응답자 중 거의 85%가 SCC를 사용하는 것으로 나타났다. 또한 거의 모든 기업이 미국으로 데이터를 전송하는 데 SCC를 사용했지만, 60%는 아시아 또는 영국으로 데이터를 전송하는 데에도 SCC를 사용했다.[41]

〈표 2-4〉는 가장 중요한 연방 개인정보 보호법 목록이다. 〈표 2-4〉를 살펴보면 데이터 보호 시행과 관련하여 중요한 차이점이 있다. 미국과 달리 EU 회원국마다 DPA(데이터 보호 전담기구)[42,43]가 있다. DPA는 광범위한 권한을 가지고 있으며, GDPR(General Data Protection Regulation, 개인정보 보호 규정) 미준수로 인해 EU 시민의 데이터를 처리하는 모든 기관에 대해 최대 2천만 유로, 또는 전 세계 연간 매출액의 최대 4%까지 벌금을 부과할 수 있다. 집행할 포괄적인 연방 개인정보 보호법이 없기 때문에 FTC(연방거래위원회)의 권한은 더 제한적이다. 연방거래위원회법이 규정한 '불공정하고 기만적인 관행'에 대해서만 벌금을 부과할 수 있다. 시민들은 이 법을 이용하여 사적인 행동을 취할 수 없으므로 공정위의 명령에 의존한다. FTC는 너무 민감하게 반응해서 모든 불만 사항을 조사하지 않는다는 비판을 받아왔다. 그러나 EU에서는 개인이 DPA에 사례를 가져올 수 있으며, 모든 사례를 조사해야 한다. 일부는 전용 데이터 개인정보 보호 기관(포괄적인 연방 법률뿐만 아니라)의 부족으로 인해 개인정보 보호 시행이 제한된다고 믿는다. 미국은 DPA가 없는 유일한 OECD 국가이다. 〈표

---

41 ITIF(Information Technology & Innovation Foundation), https://itif.org/publications/2020/12/17/role-and-value-standard-contractual-clauses-eu-us-digital-trade.

42 data protection authority.

43 DPA는 데이터 보호법을 시행하는 것이 주된 목적인 독립 규제 기관이다.

2-5〉는 미국과 EU의 데이터 보호 시스템을 비교하고 있다.

그러나 어떤 면에서 데이터 개인정보 보호법의 시행은 EU보다 미국에서 더 강력하다. 몇몇 FTC 과징금은 유럽 DPA 과징금보다 더 컸으며 미국법에는 제한이나 최고 과징금이 없다. 최근 케임브리지 애널리티카 스캔들(Cambridge Analytica scandal)에 대한 페이스북 벌금 50억 달러와 최대 7억 달러에 이르는 에퀴팩스 벌금(Equifax fine) 액수는 지금까지의 어떤 GDPR 벌금 액수보다 훨씬 크다. 특히 유튜브(YouTube)는 아이들의 온라인 사생활 법을 위반했다는 이유로 FTC와 뉴욕 검찰총장으로부터 1억 7천만 달러의 벌금을 부과받았다. 가장 큰 GDPR 벌금은 모두 영국의

〈표 2-5〉 미국과 EU의 데이터 보호 시스템 비교

미국	EU
데이터 개인정보에 대한 헌법상의 권리 없음	개인정보 보호 및 데이터 보호는 EU법의 기본권
자기 규제와 자유방임주의 접근 선호	규제, 입법 및 시장 개입 선호
데이터 개인정보 보호 법률 및 프레임워크는 각 주별로 분할되고 다름	데이터 개인정보 보호법과 프레임워크는 EU 회원국 간에 조화를 이룸
모든 경제 분야를 포함하는 포괄적인 연방 데이터 개인정보 보호법이 없음	GDPR은 포괄적이며 모든 경제 분야를 포괄
매우 큰 과징금이 일반적이기 때문에 FTC의 집행은 제한적이지만 더 강력함	유럽의 DPA는 더 큰 힘을 가지고 있지만 주요 벌금을 내는 것을 꺼려왔음
조직은 기본적으로 개인 데이터를 처리할 수 있음	조직은 법적 근거가 있는 경우에만 개인 데이터를 처리할 수 있음

자료: Patel and Lea(2020), p. 7.

〈표 2-6〉 EU-미국 데이터 흐름 관계 타임라인 I

날짜	사건
1995년 10월	EU는 데이터 보호 지침(95/46/EC)을 채택. EU에서 제3국으로의 개인 데이터 전송에 대한 제한
1998~2000년	EU와 미국은 세이프 하버(Safe Harbour) 협상을 진행
2000년 7월 EU-미국	세이프 하버 프레임워크가 채택됨
2001년 9월	9.11 테러 공격 이후 미국 국회의원들이 안보로 방향 전환
2009년 1월	유럽연합의 조약 기본권 헌장을 격상시키는 리스본 조약 발효
2013년 6월	NSA 내부고발자 에드워드 스노든이 미군의 정보 공개감시 프로그램을 국제 언론에 배포
2013년 6월	활동가 맥스 슈렘스는 스노든이 폭로한 미국의 대량 감시를 이유로 아일랜드 DPC에 세이프 하버 관련 고소장을 제출
2014년 6월	아일랜드 고등법원, 예비 판결을 위해 슈렘스 사건을 CJEU에 회부
2015년 10월	CJEU는 슈렘스 사건의 획기적인 판결로 세이프 하버를 무효화
2015년 10월	슈렘스는 아일랜드 DPC에 대한 자신의 불만을 페이스북의 SCC 사용에 초점을 맞춤. 이것이 슈렘스 2세 사건의 시작
2015년 10월~2016년 2월	EU와 미국의 세이프 하버 교체 협상(프라이버시 실드)
2016년 7월	EU-미국 프라이버시 실드(Privacy Shield)가 채택됨
2016년 10월	프랑스 NGO La Quadrature du Net은 프라이버시 실드가 EU 기본권 헌장을 위반한다고 주장하며 CFEU에 소송을 제기
2017년 10월	아일랜드 고등법원은 예비 판결을 위해 슈렘스 2세 사건을 CJEU에 회부

자료: Patel and Lea(2020), p. 16.

〈표 2-7〉 EU-미국 데이터 흐름 관계 타임라인 II

날짜	사건
2017년 10월	프라이버시 실드는 첫 번째 연례 검토 통과
2017년 11월	Digital Rights Ireland 프라이버시 실드 사건은 CJEU가 인정할 수 없다고 판결
2018년 5월	GDPR은 EU의 데이터 보호 표준을 강화하고 조화시키면서 발효
2018년 7월	유럽의회는 구속력이 없는 결의안에서 프라이버시 실드를 중단하는 투표를 함
2018년 12월	프라이버시 실드가 두 번째 연례 심사 통과
2019년 1월	Keith Krach가 프라이버시 실드 옴부즈퍼슨(Ombudsperson)으로 임명됨
2019년 7월	La Quadrature du Net 프라이버시 실드 사건은 슈렘스 2세(Schrems II) 사건 해결 위해 중단
2019년 7월	슈렘스 2세 사건에서의 CJEU 청문회
2019년 10월	프라이버시 실드가 세 번째 연례 심사 통과
2019년 12월	CJEU Advocate General은 슈렘스 2세 사례에서 SCC의 유효성을 지지하지만 프라이버시 실드의 타당성에 의문 제기
2020년 1월	캘리포니아 소비자 개인정보 보호법이 시행됨
2020년 7월 16일	슈렘스 II 사건에서 CFEU의 최종 판결
불확실	La Quadrature du Net 사건의 심리 및 최종 CJEU 판결
불확실	아일랜드 DPC 및 미국 기업(예: Facebook)이 사용하는 SCC에 대한 기타 DPA 조사?
불확실	의회는 연방 미국 프라이버시법을 채택한다?

자료: Patel and Lea(2020), p. 17.

정보위원실(ICO)[44]이 발행했다. 영국 항공(British Airways)은 1억 8,300만 파운드, 메리어트(Marriott)는 9,900만 파운드로 공정위의 최대 프라이버시 벌금보다 훨씬 적다(Patel and Lea(2020), p. 6).

2) 탄소 국경세

탄소 국경세의 목적은 기후 위기에 대처하기 위한 것이다. 하지만 탄소 국경세를 통해 탄소가 절감되는 효과를 판단하는 것은 미지수이다. 이는 EU 회원국의 이윤을 극대화하기 위함이다. 예를 들어 미국에서 생산된 상품을 수입할 경우, 미국의 온실가스 탄소 부과 비용이 EU보다 낮으면 그 차액만큼을 탄소 국경세로 부과해야 한다. 탄소 국경세는 2023년부터 시행될 예정이고 철강, 시멘트, 비료, 전력, 알루미늄 등을 대상으로 시범적으로 시행한다. 2023년에는 조사만 하고 비용 부담은 없으며 2026년부터 본격적으로 시행될 예정이다. 철강의 경우 중국과 러시아의 저가 철강에 대비해 EU 철강업계는 세이프가드, 탄소 국경세를 요구하고 있다.

44 Information Commissioner's Office.

3) EU의 무역 규제: 코로나19 대책[45]

코로나19 팬데믹으로 EU 회원국과 영국은 공급 부족을 막고 특정 필수 의약품과 의료 장비를 원활히 공급하고 품질을 보장하기 위해 무역 규제 조치를 채택했다. 특히 유럽위원회(European Commission)는 특정 제품의 수출을 수출 허가 대상으로 하는 규정을 채택했다. 많은 회원국이 수출 금지(export bans), 수출에 대한 통지 요건(notification requirements for exports), 제품 안전을 보장하기 위한 수입 요건(import requirements to ensure product safety), 그리고 상품을 압류할 수 있는 힘(the power to seize goods)을 포함한 개별적 · 추가적인 무역 규제 조치를 도입했다.

〈표 2-8〉 EU의 무역 규제

규정/입법 조치	2020년 4월 23일 규정 시행 위원회(EU) 2020/568에 따라 특정 제품의 수출은 수출 승인 생산의 대상이 됨
조치 유형	수출 규제 · 라이센싱 요구사항
제품 범위	보호 개인 장비('PPE') · 보호안경 및 바이저 · 입-코 보호 장비 · 보호복
관할 기관	결정권이 있는 당국
신청 양식	있음. 면허 신청은 부속서 II에 규정

자료: Jones Day, One Firm Worldwide, https://www.jonesday.com/en/insights/2020/05/trade-controls-in-the-eu-코로나19-measures-at-a-glance.

45 Jones day, White paper, 2020, https://www.jonesday.com/en/insights/2020/05/trade-controls-in-the-eu-코로나19-measures-at-a-glance.

〈표 2-9〉 벨기에의 무역 규제

규정/입법 조치	2020년 4월 23일 규정 시행 위원회(EU) 2020/568에 따라 특정 제품의 수출은 수출 승인 생산의 대상이 됨	특별 조치에 대한 장관령은 다음과 같다. 경제법 제18장에 근거한 SARSCoV-2 대유행	2020년 3월 24일 사스-CoV-2 대유행의 맥락에서 의약품 부족에 대처하기 위한 특별 조치에 관한 왕실령
조치 유형	수출 규제 · 라이센싱 요구사항	비EU 제3국으로의 수출 금지 EU 국가에 대한 잠재적 수출 제한	수출 규제 · 유럽 경제 지역('EEA') 내 판매에 대한 통지 요구사항 · EEA 외부 수출 거부 가능성이 있는 통지 요구사항
제품 범위	PPE · 보호안경 및 바이저 · 입-코 보호 장비 · 보호복	PPE 및 의료 기기 · 수술 마스크 · 선별재료 · 의료용 소독용 물티슈 · 환기 장비, 관련 보조 장치 및 부속품 · 혈압 측정띠 1회 사용 · 자가 접착 ECG 전극 · 기관지 폐포 세척에 사용되는 도구 · 에어로졸화 챔버 및 일회용 기관지경 마스크 · FFP2 마스크 · FFP3 마스크 · 보호용 앞치마, 투과성 여부 · 보호안경 및 마스크 · 장갑(나이트릴), 긴 소매, 최소 300mm · 과산화수소 및 분무기 12%(노코스프레이(nocospray))	FAMHP 벨기에 의약품국 결정 부속서에 열거된 특정 의약품 및 원료
관할 기관	벨기에 연방경제부	벨기에 연방경제부	벨기에 의약품 및 보건 제품 연방청
신청 양식	있음. 라이선스 신청서는 불어로 가능 https://economie.fgov.be/fr/themes/politique-commerciale/licences/licence-dexportation-d	N/A	이메일 coronashortages@fagg-afmps.be

자료: Jones Day, One Firm Worldwide, https://www.jonesday.com/en/insights/2020/05/trade-controls-in-the-eu-코로나19-measures-at-a-glance.

〈표 2-10〉 프랑스의 무역 규제

규정/입법 조치	2020년 4월 23일 규정 시행 위원회(EU) 2020/568에 따라 특정 제품의 수출은 수출 승인 생산의 대상이 됨	특별 조치에 대한 장관령은 다음과 같다. 경제법 제18장에 근거한 사스-CoV-2 대유행
조치 유형	수출 규제 · 라이센싱 요구사항	프랑스 국가 영토 밖의 수출 금지(New Caledonia를 포함한 프랑스 해외 영토에는 적용되지 않음)
제품 범위	PPE · 보호안경 및 보호막 · 구강-코 보호 장비 · 보호복	의약품 · 로피나비르/리토나비르 또는 히드록시클로로킨의 연관성을 포함하는 의약품 전문품
관할 기관	프랑스 경제 부처, 특히 프랑스 세관: 이중 사용 부서(dual use division)(서비스 데비엔스 이중 사용('SBDU'))	프랑스 보건부
신청 양식	예: https://sbdu.entreprises.gouv.fr/fr/actualites/코로나19-autorisationsd-exportation-des-biensde-protection-medicale에서 라이센스 애플리케이션(프랑스어)을 참조 운영자에 대한 조언(NOR: ECOI 2008235)을 참조(프랑스어): https://sbdu.entreprises.gouv.fr/files_sbdu/files/actualites/avis_aux_operateurs_export.pdf	N/A

자료: Jones Day, One Firm Worldwide, https://www.jonesday.com/en/insights/2020/05/trade-controls-in-the-eu-코로나19-measures-at-a-glance.

〈표 2-11〉 독일의 무역 규제

규정/입법 조치	2020년 4월 23일 규정 시행 위원회(EU) 2020/568에 따라 특정 제품의 수출은 수출 승인 생산의 대상이 됨	2020년 3월 19일 연방 경제 기술부령('BMWi') (19.03.2020 B11), vgl. https://www.bmwi.de/Redaktion/DE/Downloads/B/bundesanzeigeraufhebungbeschraenkungen.pdf?__blob=publicationFile&v=4
조치 유형	수출 규제 · 라이센싱 요구사항	이전의 국가 수출 금지 조치의 철회. 따라서 현재, 의료 보호 장비의 수출과 이동에 대한 코로나바이러스 관련 국가적인 금지는 없음. EU 수출 금지령만 적용(위 참조)
제품 범위	PPE · 보호안경 및 보호막 · 구강-코 보호 장비 · 보호복	
관할 기관	연방 경제 에너지부(BMWi)는 관할 부처임 미국 연방 경제청(BAFA)은 의료 및 개인 보호 장비에 대한 수출 면허 발급을 위한 관할 기관임	
신청 양식	예: https://sbdu.entreprises.gouv.fr/fr/actualites/코로나19-autorisationsd-exportation-des-biensde-protection-medicale에서 라이센스 애플리케이션(프랑스어)을 참조 운영자에 대한 조언(NOR: ECOI 2008235)을 참조(프랑스어): https://sbdu.entreprises.gouv.fr/files_sbdu/files/actualites/avis_aux_operateurs_export.pdf	

자료: Jones Day, One Firm Worldwide, https://www.jonesday.com/en/insights/2020/05/trade-controls-in-the-eu-코로나19-measures-at-a-glance.

11. 결론 및 시사점

전 세계 무역에서 대서양 횡단무역과 유럽 역내 무역(intra-European trade)이 차지하는 무역 비중은 다른 지역의 무역과 비교하여 상대적으로 크다. 특히 미국과 유럽 간 무역 규모를 나타내는 대서양 횡단무역은 무역 규모 자체로도 상당할 뿐만 아니라, 세계무역에서 중추적인 역할을 한다. 이들 양 지역 간 무역은 미국과 유럽의 고용 창출과 경제 성장에 기여할 뿐만 아니라, 세계 고용 창출과 경제 성장에도 상당한 기여를 한다.

이와 같은 상황에서 유럽과 미국은 위기 시에는 보호무역 전략을, 그렇지 않을 때는 자유무역 전략을 펼치는 등 시기별 적절한 상호 간 무역에서 고유한 전략을 펼쳐왔다. 특히 최근 코로나19 팬데믹으로 인해 봉쇄경제가 현실화되는 상황에서 양국은 각자의 무역 전략을 펼치고 있다. 2019년 코로나19 팬데믹이 있기 전에 미국 트럼프 정부의 '바이 내셔널리즘(buy nationalism)'을 중심으로 한 보호무역 전략은 미-중 무역전쟁을 비롯하여 대EU 무역 전략도 전략적 보호무역 정책을 펼치게 되었다.

최근 EU의 통상전략 변화를 살펴보면 Global Europe(2006), Trade Growth and World Affairs(2010), Trade for All(2015)에 이어, 2021년에는 Open Strategic Autonomy로 급변하는 무역 환경 변화하에 EU 회원국 기업의 이익 보호 목적을 신통상전략으로 도입하였다. 2021년 EU의 통상전략은 EU 집행위가 다자주의를 확대하는 가운데 EU 회원국의 이익을 보장하고자 하는데, 최근 다자주의 약화, Bilateral Trade Conflicts(미-중, 미-EU), 코로나19 팬데믹, 디지털세, 탄소 제로 등 EU의 경쟁력을 강화하려는 목적이 있다. 유럽위원회는 새로운 무역정책을 검토하고 있는데, 개방적이고 지속 가능하며 적극적인 무역정책을 발표했다. 여기서 무역정책이라 함은 구체적인 정책 제안을 하는 것이 목적이 아니라, 향후 5년 안에 EU의 무역정책에 대한 전략적 틀을 제공하겠다는 것이다. 무역정책은 세 가지 중기 목표를 가지고 있는데, 녹색 및 디지털 전환, 보다 지속 가능하고 공정한 세계화를 위한 글로벌 규칙 수립, 자신의 권익에 대한 보다 엄격한 집행이 그것이다. 이러한 목적을 달성하기 위해 여섯 가지 광범위한 정책 수단을 고려하게 되었는데, 세계무역기구(WTO) 개혁, 책임감 있고 지속 가능한 가치사슬 촉진, 디지털 전환 및 거래 지원, EU 규제 영향력 강화, 무역 상대국 확대, 공정거래를 위한 EU 무역협정의 이행 및 시행이 그것이다.

EU와 미국은 2021년 6월 15일 브뤼셀에서 열린 정상회담에서 EU-미국 무역기술위원회(TTC)를 출범시켰다. TTC는 EU와 미국이 주요 세계무역, 경제, 기술 문제에 대한 접근법을 조율하고, 공유된 민주주의 가치를 바탕으로 대서양 횡단무역과 경제 관계를 심화시키는 포럼의 역할을 한다. 미국과 EU는 2021년 9월 29일 피츠버그에서 열린 TTC 창립총회에서 반도체 공급망을 강화하고, 비시장 무역 관행을 억제하며 글로벌 기술 기업 규제에 보다 통일된 접근법을 채택하기 위해 대서양 횡단협력을 심화시키기로 합의하는 공동성명을 발표했으며, 각 당사국은 상대방의 입장을 존중하기로 했다. 양측은 산업별 동향, 투자의 기원, 거래유형 등 보안에 영향을 미치는 투자 동향에 대한 정보를 교환하기로 합의했다. 그들은 또한 민감한 기술과 데이터를 중심으로 위험을 분석하고 해결하는 모범 사례를 공유하기로 합의했다. TTC는 10개의 워킹 그룹으로 이루어졌는데, 일부 그룹은 기술 표준 개발, 공급망 보안 강화, 수출 통제, 투자 심사에 초점을 맞추고 있다. 다른 그룹들은 제3세계 국가에서 안전하고 탄력적인 디지털 연결을 위한 금융을 개발하고, 임의적이거나 불법적인 감시를 다루며, 중소기업의 디지털 도구 접근을 촉진하는 것을 검토하고 있다. 반도체 공급 부족으로 미국과 EU 양쪽에서 자동차 생산이 제한되었다. AI와 같은 기술의 확산과 잠재적인 남용은 디지털 상거래에서부터 소수민족에 대한 감시, 투표, 민주주의 자체에 이르기까지 모든 것에 잠재적인 영향을 미치고 있다.

최근 중국의 국가 주도 경제 모델의 눈부신 상승은 세계경제 통합을 돕기 위한 전략에서 시장경제를 주로 염두에 두었던 전후 무역 시스템에 새로운 도전을 제기하고 있다.

제3장

EU의 대일본 통상정책

김현정 동아대학교 국제전문대학원 교수

1. EU-일본 경제관계

1) EU-일본 트리플 파트너십(Triple Partnership)

일본은 EU에 있어 아시아에서 두 번째로 큰 교역 대상국이다. 또한 일본은 EU 상품 무역에서 7번째 교역국이다.[01] 일본은 경제를 비롯한 민주주의, 외교, 안보 등 다방면에서 EU의 아시아 지역 내 주요 파트너 국가이다.

2019년을 기준으로 EU와 일본은 세 가지 영역의 동반자 협정을 이행하였다. 이는 첫째, 2018년 7월 17일 양자 간 전략적 파트너십 협정(EU-Japan Strategic Partnership Agreement(SPA))의 체결, 둘째, 2019년 2월 1일 EU-일본 경제동반자 협정(EU-Japan Economic Partnership Agreement(EPA))의 발효, 셋째, 양측 간 디지털 및 사이버 협력이다. 이는 2022년 5월 12일 체결한

01 European Commission, "Japan," https://ec.europa.eu/trade/policy/countries-and-regions/countries/japan(검색일: 2022. 3. 15).

EU-일본 디지털 파트너십(Japan-EU Digital Partnership)에 해당한다. 이와 더불어 양측 간 디지털 영역 협력에는 2019년 1월 1일 EU-일본 일반정보보호법(GDPR: General Data Protection Regulation)의 최종 체결 또한 포함된다.

첫째, 1991년 당시 유럽공동체(EC)와 일본은 공동선언(Joint Declaration on Relations between Japan and the European Community and its Member States)을 체결한 이후 협력을 도모해왔다. 2011년 양측은 "정치적, 글로벌적, 기타 부문별 협력을 포괄하는 구속력 있는 협정"을 체결하여 동일본 대지진을 겪은 일본과의 협력을 강화하고, 다음의 협상 프로세스를 시작하기로 합의하였다. EU와 일본은 관세, 비관세 조치, 서비스, 투자, 지식재산권, 경쟁 및 공공 조달을 포함하여 양측이 공유하는 모든 문제를 다루는 심층적이고 포괄적인 자유무역협정(FTA)/경제적 파트너십 협정(EPA), 그리고 포괄적인 방식으로 정치적, 글로벌 및 기타 부문별 협력을 포괄하고 근본적인 가치와 원칙에 대한 공동의 약속으로 뒷받침되는 구속력 있는 협정을 추진하기에 이른다.[02] 2018년 7월 체결한 EU-일본 SPA는 최초의 양자 간 기본 협정이다. 이는 양자, 지역 및 다자 문제 전반에 관해 보다 긴밀한 정치 · 경제 협력을 보장하는 것을 목표로 하고 있다. 특정 정책 영역과 함께 SPA는 국제 평화와 안보를 보존하고 공유된 민주적 가치와 원칙을 증진하려는 양측 간의 약속을 확인하고 있다.

EU-일본 SPA는 연례 공동위원회 운영을 원칙으로 하고 있으며, 현재까지 제1차(2019. 3. 25), 제2차(2020. 2. 4), 제3차(2021. 3. 1) 위원회를 개최해왔

02 European Commission, "20th EU–Japan SummitJoint Press Statement," https://ec.europa.eu/commission/presscorner/detail/en/MEMO_11_357(검색일: 2022. 3. 15).

〈표 3-1〉 EU-일본 SPA 내 협력 의제

분류	내용
목적 영역	평화와 안보, 민주주의, 법치, 인권, 기본적 자유, 지역 간 협력, 유엔 개혁 촉진
세부 영역	· 대량 살상무기 · 심각한 국제 범죄 · 테러(자금 조달 포함) · 화학적 · 생물학적 방사능 및 핵 위험 · 소형 무기 불법 거래 · 부패와 조직범죄 · 돈세탁 · 불법 약물 및 사이버 범죄: 위기 및 재난 관리, 인도적 활동, 지속 가능한 개발, 빈곤 퇴치 지원 등 여러 국내 정책 분야에서 협력 · 경제, 재정 및 사법 문제 · 과학, 기술 및 혁신 · 관세, 조세, 에너지, 농업 및 고용 · 기후변화와 우주 공간에서 정보 사회와 환경에 이르기까지 다양한 문제에 대한 견해, 정보 및 모범 사례 교환
제도	· 전체 파트너십을 조정하기 위한 공동위원회 · 분쟁 해결 절차

자료: European Commission, “EU-Japan Strategic Partnership Agreement,” https://eur-lex.europa.eu/legal-content/EN/TXT/?uri=LEGISSUM%3A4359401(검색일: 2022. 3. 15).

다. EU-일본 SPA는 민주주의, 법치, 인권, 굿 거버넌스, 다자주의, 열린 시장경제를 포괄한 공유된 가치 및 원칙을 기반으로 한다. 특히 양자는 EU-일본 SPA를 통해 현재의 전염병 문제에 대한 대응력 및 백신 협력, 지속 가능한 개발을 위한 2030 의제 및 개발협력에서의 국제협력과 연대를 공동으로 이끌기 위한 협력 형태를 모색하였다.[03]

둘째, 2011년 5월 양측은 EU-일본 EPA 추진에 합의하여, 약 8년 만인 2019년 2월 1일 협정을 잠정 발효하였다. 양측 공식협상은 2013년 4월부터 2017년 7월까지 18차례 진행되었다.

03 European Union External Action, “EU-Japan Strategic Partnership,” https://www.eeas.europa.eu/eeas/eu-japan-strategic-partnership_en(검색일: 2021. 6. 20).

〈표 3-2〉 EU-일본 EPA 체결과정

일시	경과
2011년 5월 28일	제20차 EU-일본 정상회의에서 EU-일본 EPA 추진에 합의 내용과 개방수준 검토를 위해 1년간 사전조사(scope exercise) 실시
2012년 5월 31일	사전조사 결과 발표
2012년 7월~11월	EU 기관 간 무역협정 추진 위한 준비작업 완료
2013년 3월 25일	EU-일본 정상회의, EPA 협상 출범에 합의
2013년 4월~2017년 7월	EU-일본 EPA 협상(18차례)
2017년 12월 8일	EU-일본 EPA 타결
2018년 7월 17일	EU와 일본, EPA에 서명
2018년 12월 8일	일본 참의원, EU-일본 EPA에 대한 동의안 결의
2018년 12월 12일	유럽의회, EU-일본 EPA에 대한 동의안 결의 (찬성: 474, 반대: 152, 기권: 40)
2019년 2월 1일	EU-일본 EPA 잠정발효

자료: 언론 보도를 참조한 저자의 작성.

EU-일본 EPA에서 EU는 EU의 자동차 규제(UN ECE), 의약품 가이드라인(ICH)에 관한 합의를 이끌어내는 등 EU 측이 원하는 규범 합치에 수렴하였다. 또한 지속 가능 발전 챕터를 통해 ILO 핵심협약 비준을 위한 노력을 의무화하였고, EU의 무역협정 중 최초로 파리기후변화협약의 이행 의무를 부과하였다는 점에서 EU식 FTA의 전형을 잘 드러내었다. EU-일본 EPA에 관한 자세한 사항은 2절에서 다룰 것이다.

셋째, 2022년 5월 12일 도쿄(Tokyo)에서 제28회 EU-일본 정상회의가 개최되었으며, 해당 회의에서 EU-일본 디지털 파트너십이 출범하게 되었다. EU-일본 디지털 파트너십은 일본 측 경제산업성(経済産業省, METI), 디지털 에이전시, 총무성(総務省, MIC)이 주도적인 역할을 수행하며, EU 측에서는 집행위원회(EC)의 통신 네트워크, 콘텐츠 및 기술 사무국(The Directorate-General for Communications Networks, Content and Technology)이 담당한다.[04] EU-일본 디지털 파트너십을 통해 양측은 공통 가치를 기반으로 경제 성장과 인간 중심의 디지털 혁신을 촉진하기 위해 디지털 문제에 대한 협력을 발전시키기로 하였다. 양측은 디지털 파트너십을 통해 개인정보 보호, 반도체 공급망 협력, 5G 및 6G 협력, 에지(edge) 컴퓨팅 및 양자기술 협력, 사이버 보안 협력 강화, 그리고 인공지능 분야에 관한 협력을 우선순위로 둔다. 해당 파트너십의 특징은 첫째, 자발적 협력에 기반하고 법적 구속력은 부재하며, 둘째, 장관급 회의를 매년 정기적으로 개최한다는 것이다. 해당 파트너십의 주요 내용은 〈표 3-3〉에서 볼 수 있듯이 5개 섹션으로 구성되었다.

또한 EU는 2021년 3월 1일 최초로 역외국과 GDPR을 최종 체결하였다. 디지털 통상 시장 개방을 위한 가장 전향적인 조치로 EU는 주요국과 GDPR 체결을 추진하고 있다. EU GDPR은 비록 국내법이지만 유럽연합에 상품이나 서비스를 판매하는 모든 교역 국가가 EU GDPR에서 요구하는 수준으로 유럽 시민의 정보를 보호하지 못하여 피해가 발생할 때 법적 조치를 적용할 수 있는 역외적용(extra-territoriality) 수단을 마련

04 経済産業省, "日EUデジタルパートナーシップ," https://www.meti.go.jp/english/press/2022/0512_004.html(검색일: 2021. 6. 20).

〈표 3-3〉 EU-일본 디지털 파트너십의 주요 내용

섹션	주요 내용
섹션 1	디지털 파트너십을 통해 양측은 디지털 분야에서의 협업 구조를 구축 · 기존 협력 메커니즘을 기반으로 구체적인 정책 결과물 도출
섹션 2	인간 중심적이며 지속 가능한 디지털 사회 발전을 위한 파트너십 · 디지털 경제와 사회에 관한 비전 및 기업에 대한 예측 가능성과 법적 확실성 제공, 안전한 온라인 환경 조성 등의 공통 목표 공유 · 공유된 비전 및 파트너십을 유사입장국으로 확장하고, 양자/다자 간 작업을 기반으로 인간 중심의 디지털화 비전을 촉진하기 위해 공동 작업
섹션 3	EU-일본 디지털 파트너십 구축 · 디지털 파트너십은 상호 관심 영역에서의 공동 작업을 구성, 촉진하기 위한 것으로, 연간 단위로 진행상황을 리뷰하고 향후의 협력 분야를 도출함으로써 협력을 촉진하는 메커니즘 제공 · 매년 장관급 회의(Japan-EU Digital Partnership Council)를 운영할 것이며, 실무는 일본의 디지털청(Digital Agency)과 EU 집행위의 정보통신총국(DG Connect)이 관련 활동을 조율 · 디지털 파트너십은 디지털 분야의 양자 협력을 총괄하는 프레임워크가 될 것이며, 법적 의무나 권리를 생성하는 것이 아닌 자발적 협력에 기반함 · 이해관계자의 정기적 참여가 성공의 핵심이며, 기존 협력 메커니즘과 공동 디지털 파트너십 대화 등을 통해 상호 교류
섹션 4	디지털 협력 강화를 위한 우선순위 분야 성과 달성 ① 프라이버시: 양측은 높은 개인정보 보호 표준을 디지털 시대 인간 중심 접근의 필수 요소로 인식, 개인정보 보호 관련 협력 강화 ② 글로벌 반도체 공급망: 정보 교환을 포함하여 글로벌 반도체 공급망의 회복력을 강화하고, 연구혁신을 통한 차세대 반도체 개발에 관한 협력 강화 ③ 5G 및 beyond 5G 기술: R&D 협력 강화를 포함하여 안전하고 고성능, 에너지 효율적이며 지속 가능한 5G 및 beyond 5G 기술 개발 및 도입 촉진 ④ 고성능 컴퓨팅(HPC) 및 양자기술(Quantum technology): 연구자 및 엔지니어 교류 확대, 양측의 슈퍼컴퓨터 및 양자컴퓨팅 인프라 활용 촉진 등 ⑤ 사이버 보안(cybersecurity): 양측의 사이버 보안 분야 정보 교환 및 협력 확대 ⑥ 인공지능(AI): AI 원칙 도입, 신뢰 가능한 AI의 개발 및 글로벌 활용 촉진을 위한 원칙에 관한 다자기구 논의에서의 협력 등 ⑦ 디지털 연결성(digital connectivity): 양측 간 안전한 연결 촉진, 안전하고 신뢰할 수 있는 친환경 데이터 센터(해저케이블 끝단) 환경 구축 ⑧ 온라인 플랫폼: 온라인 플랫폼 규제에 관한 양측 정보 공유 ⑨ 데이터 및 신뢰 기반 데이터 자유 이동: 신뢰 증진을 위한 기술, 데이터 거버넌스에 관한 이해도 심화 등 신뢰 기반 데이터 자유 이동(DFFT: Data Free Flow with Trust) 강화를 위한 협력 ⑩ 디지털 통상: 디지털 통상에 관한 논의 심화 필요성 공감, 공통의 이해도를 높여 디지털 통상 원칙에 반영 ⑪ 중소기업의 디지털 전환: 중소기업의 디지털 전환 촉진을 위한 이니셔티브 협력방안 검토, 가이드라인과 우수사례 공유 ⑫ 국제표준: 국제표준기구 내에서의 기존 협력에 기반하여 양측 협력관계 구축 ⑬ 공공 분야 신뢰 서비스(trust services): 공공 영역의 상호 운용성 관련 우수 사례, 내용 등 공유, 디지털 신분증(digital identity) 등에서 협력 ⑭ 블록체인 및 분산원장기술: 이해관계자 참여, 우수 사례 공유, 블록체인 및 분산원장기술(Distributed Ledger Technologies) 분야에서의 협력 증진 ⑮ 디지털 교육: 우수 사례, 콘텐츠, 교육과정 등 공유, 디지털 교육 분야에서의 대화 지속

섹션	주요 내용
섹션 5	성공적인 디지털 파트너십을 위한 강력한 리더십 및 모니터링 · 양측은 디지털 파트너십을 향후 확대, 심화해 나가기를 기대, EU-일본 디지털 파트너십 회의(DP Council)에서 진행 경과를 점검하고 전략적 방향을 제공하는 한편, EU 회원국들도 긴밀히 참여할 것

자료: 주 벨기에 유럽연합 대한민국대사관, "EU 주간 포커스 제17호," file:///C:/Users/lw/Downloads/EU%20%EC%A3%BC%EA%B0%84%20%ED%8F%AC%EC%BB%A4%EC%8A%A4%20%EC%A0%9C17%ED%98%B8.pdf(검색일: 2021. 6. 20).

하였다.[05] 역외국과의 GDPR 적정성 결정은 EU 역외 국가가 EU의 개인정보 보호 법제인 GDPR의 보호와 동등한 보호 수준을 제공하는지 확인하는 제도이다. 적정성 결정을 받은 국가의 기업들은 표준계약조항(standard contractual clause) 등 별도의 절차 없이 EU 시민의 개인정보를 자국으로 이전 및 처리 가능하게 하는 제도다.[06] 현재까지 GDPR은 FTA와 별개로 진행되나, 추후 합치될 가능성이 있다. 일본(2019. 1)이 GDPR 최종 결정을 득한 이후, 영국(2021. 3), 한국(2021. 3)과 초기 적정성 결정을 진행해왔으며, 지난 2021년 6월 16일 한-EU GDPR 적정성 결정 관련 초기 결정문이 공개된 바 있다.[07] GDPR은 〈표 3-4〉와 같이 행정 · 제재 사항을 갖추고 있다.

불과 10년 전만 해도 일본과 EU는 모두 보호무역주의자로 여겨져 포

05 이규엽 · 조문희 · 강준구 · 강민지, 『국경 간 데이터 이동에 관한 국제적 논의 동향과 대응 방안』(대외경제정책연구원, 2018), 23쪽.

06 주 벨기에 유럽연합 대한민국대사관, "[통상정책] 한국에 대한 EU 일반개인정보보호법(GDPR) 초기 적정성 발표(3.30)," https://overseas.mofa.go.kr/be-ko/brd/m_7566/view.do?seq=1335416&srchFr=&srchTo=&srchWord=&srchTp=&multi_itm_seq=0&itm_seq_1=0&itm_seq_2=0&company_cd=&company_nm=&page=1(검색일: 2021. 6. 10).

07 김현정, "EU 신통상정책과 EU-아시아 경제협력: EU-일본 EPA 사례를 중심으로," 『통합유럽연구』 제24호(2021), p. 60.

〈표 3-4〉 EU-일본 GDPR 주요 행정 · 제재 사항

- 데이터의 실제 처리가 이루어지는 위치와 관계없이 EU 내에서 개인(또는 '데이터 주체')의 사적인 데이터를 처리(즉 작업을 수행)하는 시스템이 있는 모든 비즈니스 및 조직에 적용됨.
- EU 내 개인에게 상품 또는 서비스(유료 또는 무료)를 제공하거나 EU 내 개인의 행동을 모니터링하는 EU 외부의 법인이 민감한 특정 개인 데이터를 처리하는 것은 일반적으로 금지됨.
- 회사 또는 조직은 연간 글로벌 매출의 최대 4% 또는 미준수 시 2천만 유로(둘 중 더 큰 금액)의 벌금을 부과받을 수 있음.

자료: Congressional Research Service, "EU Digital Policy and International Trade," March 25, 2021, https://sgp.fas.org/crs/row/R46732.pdf(검색일: 2021. 8. 25).

괄적인 자유무역협정(FTA)에 서명할 가능성이 낮아 보였으나, 양측이 세계 최대 FTA를 비준함으로써 국내총생산(GDP) 측면에서 미국-멕시코-캐나다 협정(USMCA: United States-Mexico-Canada Agreement)과 환태평양경제동반자협정(CPTPP: Comprehensive and Progressive Agreement for Trans-Pacific Partnership)을 모두 능가하는 수준의 FTA를 체결했다.[08]

이외에도 EU와 일본은 기후변화, 에너지, 환경, 연계성, 연구 영역에서의 협력을 이어나가고 있다. EU와 일본은 G7 및 G20, 순환경제 및 자원 효율성에 관한 글로벌 동맹에서 협력하고 2021년 쿤밍(Kunming) 생물다양성협약 회의에서 야심 찬 포스트 2020 글로벌 생물다양성 프레

08 The Diplomat, "Japan and Europe's Triple Partnership: Parsing the new EU-Japan strategic, economic and digital agreements," https://thediplomat.com/2019/02/japan-and-europes-triple-partnership(검색일: 2022. 3. 15).

임워크를 보장하기 위해 협력해왔다.[09] 이러한 협력의 일환으로 양측은 'EU-일본 녹색동맹(The EU-Japan Green Alliance)'을 통해 기후변화에 공동으로 대응하며, 지속 가능하고 안전한 에너지 공급 달성과 에너지 전환을 위한 협력을 도모하고 있다. 해당 녹색동맹의 5가지 우선순위 영역은 다음과 같다. 첫째, 재생 에너지, 재생 수소, 에너지 저장, 탄소 포집, 활용 및 저장을 포함한 저탄소 기술을 채택하여 비용 효율적이고 안전하며 지속 가능한 에너지 전환을 추구한다. 둘째, 생산 및 소비에서 보다 지속 가능하고 순환적인 관행을 촉진하고 생물 다양성을 보존하기 위해 육지와 바다 모두에서 최소 30%를 보호한다는 글로벌 목표에 기여함으로써 환경 보호를 강화한다. 셋째, 기후 중립 경제로의 글로벌 전환을 가속화할 저탄소 기술 및 환경 솔루션의 글로벌 활용을 촉진하기 위한 규제 협력 및 비즈니스 교류를 확대한다. 넷째, 탈탄소화 프로젝트, 재생 에너지 및 바이오 경제 분야의 연구 개발에 대한 기존 협력을 강화한다. 다섯째, 지속 가능한 투자의 정의를 수렴하고 지속 가능성 관련 공개에 대한 일관성과 투명성을 보장하기 위해 국제적으로 지속 가능한 금융에 대한 양 당사자의 리더십을 유지한다.[10]

또한 EU와 일본은 2019년 에너지, 디지털, 운송, 사람과 사람 간의 연결에 대한 행동을 위해 '지속 가능한 연결성 및 품질 기반 인프라에 관한 파트너십(Partnership on Sustainable Connectivity and Quality Infrastructure)'에 서명하였

09 European Union External Action, "EU-Japan Strategic Partnership," https://www.eeas.europa.eu/eeas/eu-japan-strategic-partnership_en(검색일: 2021. 6. 20).

10 European Commission, "The EU and Japan commit to a new Green Alliance to work towards climate neutrality," https://ec.europa.eu/clima/news-your-voice/news/eu-and-japan-commit-new-green-alliance-work-towards-climate-neutrality-2021-05-27_en(검색일: 2021. 6. 20).

다. 양측은 이러한 파트너십을 통해 디지털, 교통, 에너지 및 인적 교류를 포함하여 양자 및 다자 간 연결의 모든 차원에서 협력해왔다. 구체적으로 동 파트너십은 첫째, EU와 일본은 투자자와 연결성 기업을 포함하여 관련 자들을 위한 개방성, 투명성, 포용성 및 공평한 경쟁의 장을 촉진하기 위해 협력한다. 둘째, 규칙 기반 연결성을 전 세계적으로 촉진하기 위한 노력의 관점에서 양측은 G7, G20, OECD, 세계은행, 국제 통화 기금, 유럽 재건 은행과 같은 국제 포럼을 포함한 국제 및 지역 기구에서 협력한다. 셋째, 민간 투자를 촉진하기 위해 수단과 도구를 동원하는 것의 중요성을 인식하고 민간 부문의 참여를 통해 가능한 공동 프로젝트를 포함하여 지속 가능한 연결성의 자금 조달을 촉진하기 위해 협력한다. 넷째, 개발도상국에서 디지털 및 데이터 인프라는 물론 정책 및 규제 프레임워크를 포함하여 포용적 성장과 지속 가능한 개발의 강력한 조력자로서 디지털 연결을 강화하기 위해 협력한다. 다섯째, 규제 프레임워크의 더 깊은 협력과 시너지, 운송 회랑의 상호 연결, 운송의 안전 및 보안 강화를 통해 지속 가능한 운송 연결성을 강화하기 위해 계속 협력한다. 여섯째, 수소 및 연료 전지, 전력 시장 규제 및 액화천연가스(LNG) 글로벌 시장과 같은 분야에서 협력을 지속하고 기존 EU-일본 에너지 대화를 기반으로 구축되는 지속 가능한 에너지 연결을 지원한다. 일곱째, 고등 교육 및 연구 분야 기관 간의 국제 인적 교류를 확대하기 위해 협력한다. 이 밖에도 다양한 파트너십을 포괄한다.[11]

11 European Union External Action, "The Partnership on Sustainable Connectivity and Quality Infrastructure between the European Union and Japan," https://www.eeas.europa.eu/eeas/partnership-sustainable-connectivity-and-quality-infrastructure-between-european-union-and_en(검색일: 2021. 6. 20).

2) EU-일본의 무역 및 투자 관계

EU와 일본의 전통적인 무역 관계에서 일본은 장기간 큰 흑자 폭을 나타냈다. EU의 대일본 수입 주요 품목은 기계, 자동차, 화학, 광학 및 의료 기기, 플라스틱이며, EU의 대일본 수출 주요 품목은 화학, 자동차, 기계, 광학 및 의료 기기, 식품 및 음료이다.[12]

2011~2021년 기간 중 양측 간 무역 흐름에서 EU가 흑자를 나타낸 것은 2013년(261 Mio €)과 2020년(252 Mio €)뿐이다. EU의 일본 수출은 2019년 최고 수준(610억 유로)에 도달했고 2009년에는 최저 수준(320억 유로)에 도달하였다. 일본으로부터의 EU 수입은 2019년에 가장 높았고(630억 유로) 2013년에 가장 낮았다(490억 유로).[13] EU-일본 EPA 발효 이후 근소하지만 적자 폭은 줄어들고 있다. 하지만 해당 기간이 코로나바이러스 팬데믹 시기라 협정 발효에 따른 무역 효과를 논하기는 어렵다.

EU는 비관세 영역 및 노동과 환경 부문 등 비무역의제(NTA: Non-trade Agenda) 영역에서 일본을 포함한 아시아 국가들이 경제발전에 비해 비교적 더딘 제도적 발전을 추진해왔다고 판단하고 있다. 특히 EU는 일본 사회와 일본 경제의 독특한 특성으로 인해 유럽기업이 사업이나 투자를 하는 것이 어려움을 주장해왔다.

EU-일본 간 해외직접투자(FDI: Foreign Direct Investment) 흐름에서도 장기

---

12 European Commission, "Japan," https://ec.europa.eu/trade/policy/countries-and-regions/countries/japan(검색일: 2022. 3. 15).

13 European Commission, "Japan," https://ec.europa.eu/trade/policy/countries-and-regions/countries/japan(검색일: 2022. 3. 15).

〈그림 3-1〉 EU-일본 상품무역 흐름 및 균형(2011~2021)

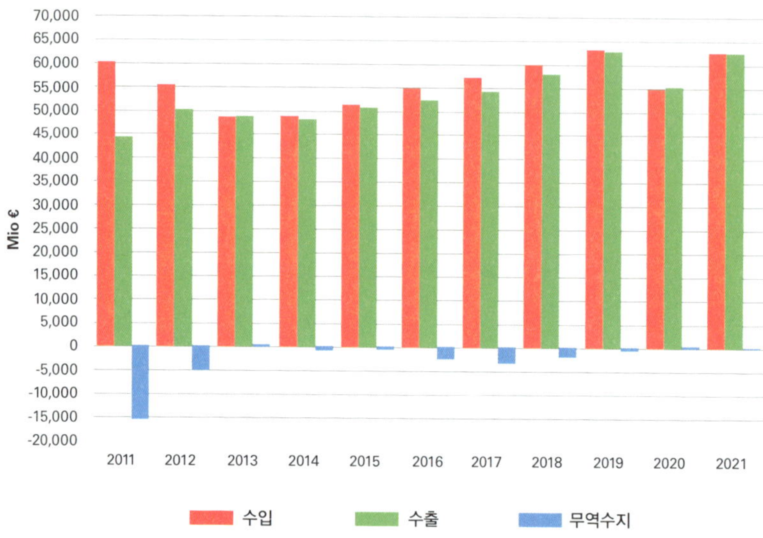

자료: European Commission, "European Union, Trade in goods with Japan," https://webgate.ec.europa.eu/isdb_results/factsheets/country/details_japan_en.pdf(검색일: 2022. 3. 15).

간의 불균형이 나타났다. 일본 기업들이 EU의 거대 공동시장 진출을 위해 FDI를 진행해온 것이다.

일본으로부터 EU로 유입된 FDI 흐름은 2019년 800억 달러에서 2020년 205억 달러 이상으로 감소하였다(〈그림 3-2〉의 (a) 참조). 2020년 기준 EU로 유입된 FDI 중 약 12%를 일본이 차지하고 있다. 이와 반대로 EU가 일본에 투자한 FDI 유출은 2억 6,000만 달러 정도이다(〈그림 3-2〉의 (b) 참조). 이 기간 중 가장 높은 순유입액은 2016년 220억 달러로 기록되었다.

〈그림 3-2〉 EU-일본 해외직접투자 흐름(2011~2020)

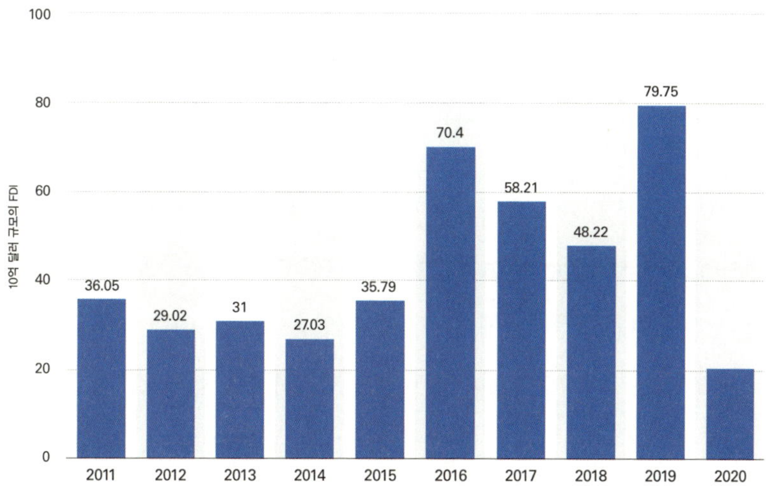

(a) 일본으로부터 EU로 유입된 FDI

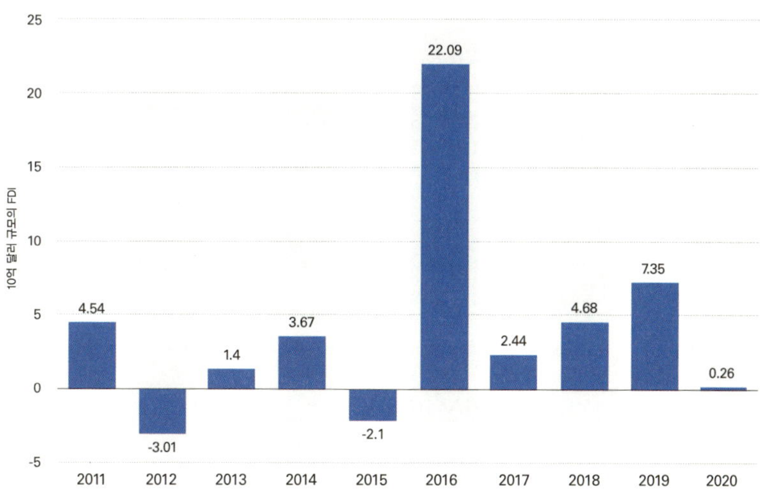

(b) EU가 일본에 투자한 FDI

자료: (a) Statista, "Japan's outward foreign direct investment(FDI) flows to the European Union from 2011 to 2020(in billion U.S. dollars)," https://www.statista.com/statistics/747770/japan-outward-fdi-in-the-european-union(검색일: 2022. 3. 15).
(b) Statista, "Foreign direct investment(FDI) from the European Union in Japan from 2011 to 2020(in billion U.S. dollars)," https://www.statista.com/statistics/747783/japan-inward-fdi-from-the-european-union(검색일: 2022. 3. 15).

2. EU-일본 통상 관계의 변화

1) EU-일본 EPA 발효

2013년 4월 EU-일본은 EPA(Economic Partnership Agreement) 협상을 공식 개시하였다. EU-일본 EPA는 2017년 12월 타결하였고, 2019년 2월 1일 발효하였다. 협상과정에서 EU 측은 일본 비관세 장벽 철폐를 협상 유지 조건으로 제시하였으며, 상호성을 강조하였다. 이에 EU는 일본 측에 2차례에 걸쳐 비관세 장벽 철폐 리스트를 교환하였으며, 그 과정에서 상당한 수준의 성과를 이루었다.

EU-일본 EPA는 발효 이후 최초 1년간 교환된 통계에서 다음과 같이 EPA 사용률을 나타내고 있다. EU-일본 EPA 상품교역에서 EU → 일본 수출액은 전년 동기 대비 6.6% 증가하였으며, 지난 3년 평균 수출액 증가(4.7%)에 비해 높은 수치를 기록해, 동 기간 일본 → EU 수출액은 6.3% 증가하였다.[14]

2021년 2월 1일 EU-일본 EPA가 2주년이 된 시점에 양측은 2차 공동위원회(2nd Meeting of Japan-EU EPA Joint Committee)를 개최하였다. 동 위원회에서는 2차 연도까지의 EU-일본 EPA 일반 평가와 관세 등을 검토하였다. 특히 ① 부속서 Annexes 14-A and 14-B(GI) 및 부속서 Appendices 2-C-1 and 2-C-2(UN Regulations on Motor Vehicles) 채택, 그리고 친환경기

14 外務省, "日EU · EPA発効後の輸入統計の交換," https://www.mofa.go.jp/mofaj/ecm/ie/page24_001151.html(검색일: 2021. 4. 10).

술을 포함한 그린성장과 EPA하에서 제3국과의 협력 등이 논의되었다.

이 장에서는 일본 통상환경과 EPA 전략의 특징을 고찰하고, EU-일본 EPA 협상 및 주요 쟁점을 분석하였다. 또한 EU-일본 EPA 발효 이후 통상 변화를 정리했다. 이를 통해 한-EU FTA 개정협상의 시사점 및 EU-일본 EPA를 통해 본 EU의 대아시아 경제협력 특징에 대해 분석하였다.

EU는 아시아와의 FTA 협상을 통해 비경쟁적 시장 구조를 변화시키려 하고 있다. 특히 EU는 아시아 국가-미국 간 경제개방 기준 플러스 협상 전략을 구사하여 왔다. EU는 아시아 시장에 대한 비관세 장벽 완화 주력, 아시아 시장 지식재산권, 정부 조달, 개인정보 국경 간 이동에 관한 협력 강화 추진, EU-아시아 지속 가능 개발에 대한 협력 중점 추진 등을 취해왔다. EU는 EU-아시아 간 투자자 국가분쟁해결제도에 관한 EU식 접근(상설투자재판소 개설)에 난항을 겪어 왔으므로, 이후 한-EU FTA 현대화 협상에서 쟁점이 될 것이다.

2) 일본 EPA 현황 및 전략

일본은 2021년 1월 현재까지 21건의 EPA 혹은 FTA를 체결 · 발효하였다.

일본 정부는 EPA와 FTA를 다음과 같이 구분하고 있다. 우선 FTA는 특정 국가와 지역 간의 물품 관세 및 서비스 무역장벽 등을 줄이고 철폐하는 것을 목적으로 하는 협정으로 보고, EPA는 무역의 자유화에 더하여 투자, 사람의 이동, 지적재산의 보호나 경쟁 정책에 있어서의 규칙 만

들기, 다양한 분야에서의 협력 요소 등을 포함한, 폭넓은 경제 관계의 강화를 목적으로 하는 협정으로 이해한다.[15]

2018년 이전까지 일본은 주로 아시아 국가 혹은 대륙별 FTA를 높은 비율로 체결하고 있는 국가(스위스, 페루, 칠레 등)와의 EPA를 체결해왔다. 2018년 11월 30일 포괄적 · 점진적 환태평양 경제동반자 협정(CPTPP)의 발효를 통해, 일본은 거대 FTA에 본격적으로 참여하게 되었다. CPTPP에 대해 미국이 탈퇴할 것으로 알려지던 시점에, 일본은 EU와 EPA 협상을 진행하였다.

1960~1970년대 고도성장을 이어갔던 일본은 1985년 플라자 합의(Plaza Accord)에 의해 수출 경쟁력이 조정되었다. 엔화의 급격한 평가절상이 취해진 일본은 이후 동아시아 FDI 주도의 기업 중심 통합을 진행하게 되었다. 즉 FDI, 현지 생산, 상품과 서비스의 역내 무역을 통해 일본은 ASEAN, 중국, 한국, 대만을 연결하는 생산 네트워크 형성을 진행한 것이다.

일본은 WTO에 구현된 전통적인 다자적 접근 방식을 통해 무역 자유화와 일본 기업의 해외 활동을 촉진하려는 노력을 보완하기 위해 FTA 전략을 채택하였다. 즉 2000년대 이후 일본이 추진한 EPA/FTA는 이를 통한 기업 중심 법적 통합을 목적으로 추진되었다. 일본 정부는 2002년 11월 최초로 싱가포르와의 EPA를 발효하였다. 일본은 일본-싱가포르 EPA에 대해 농산물 수출에 관한 경합이 없음을 크게 고려하였고, 이후

15 外務省, "我が国の経済連携協定(EPA／FTA)等の取組," https://www.mofa.go.jp/mofaj/gaiko/fta/index.html(검색일: 2021. 11. 10).

〈표 3-5〉 일본이 체결한 주요 EPA

- 일본-말레이시아 EPA(2006. 7)
- 일본-칠레 EPA(2007. 9)
- 일본-태국 EPA(2007. 11)
- 일본-인도네시아 EPA(2008. 7)
- 일본-브루나이 EPA(2008. 7)
- 일본-ASEAN EPA(2008. 12)
- 일본-필리핀 EPA(2008. 12)
- 일본-스위스 EPA(2009. 2)
- 일본-베트남 EPA(2009. 10)
- 일본-인도 EPA(2011. 8)
- 일본-페루 EPA(2012. 3)
- 일본-호주 EPA(2015. 1)
- 일본-몽골 EPA(2016. 6)
- CPTPP(2018. 12. 30)
- 일본-EU EPA(2019. 2)
- 일미 상품 무역협정(협상 개시 2019. 4, 합의 2019. 9, 시행 2020. 1. 1)

자료: 外務省, "我が国の経済連携協定(EPA／FTA)等の取組," https://www.mofa.go.jp/mofaj/gaiko/fta/index.html(검색일: 2021. 11. 10).

EPA에서도 농산물 시장 보호에 주력하는 경향을 보였다. 일본은 특히 동아시아에서 EPA/FTA 활용을 통한 생산 네트워크 구축을 진행했다.

3) EU-일본 EPA 협상 쟁점

EU-일본 EPA는 2019년 2월 1일 발효하였으며, 전체 23장으로 구성되었다(〈표 3-6〉 참조).

EU-일본 EPA 협상과정에서 양측은 ① 관세, ② 서비스 시장 개방 및 비관세 장벽 철폐, ③ 지리적 표시제, ④ 지속 가능 개발, ⑤ 투자 등의 영역에서 핵심 쟁점을 남겼다.

관세

일본과 EU는 EPA 발효 즉시 각각 86%와 96%, 15년 내 각각 97%와 99%의 품목(tariff lines)에 대한 수입 관세를 폐지하기로 합의하였다. 관세 인하 · 폐지에 대한 협상은 EU 내 자동차시장, 일본 내 농산품시장 등 양측이 상당한 수준의 관세를 부과하고 있는 민감 품목에 집중되었다.[16]

EU의 대일본 수출품의 약 70%가 무관세였기에 관세 인하 및 철폐보다는 제반 산업의 비관세 장벽 철폐와 정부 조달 분야(철도 등)의 개방이 주요 관심사였던 데 반해, 일본은 대EU 수출품의 약 65%가 관세 부과 제품으로 공업 제품(자동차, 전기기기 등)의 고관세 인하 및 철폐를 통한 일본 제품의 경쟁력 개선에 초점을 두고 협상을 진행하였다.[17] 거대경제권과의 EPA 협상이 거의 전무한 일본 시장에 대한 접근을 강화하기 위해

16 조동희 · 오태현 · 이형근 · 이정은 · 김영귀, "일 · EU 경제동반자협정(EPA) 기본합의와 시사점," 『KIEP 오늘의 세계경제』 17권, 23호(2017), p. 5.

17 김은영 · 이준원 · 민경실, "일-EU EPA 타결 및 시사점," 『Trade Brief』 21호(2017), p. 2.

〈표 3-6〉 EU-일본 EPA 목차

EU-일본 EPA(2019. 2. 1 발효)	
제1장 일반 규정	제13장 국영기업, 특수권한 기업 및 지정 독점
제2장 상품 무역	제14장 지적재산권
제3장 원산지 규정 및 절차	제15장 기업 거버넌스
제4장 통관 및 무역 원활화	제16장 무역과 지속 가능한 발전
제5장 무역구제	제17장 투명성
제6장 위생 및 식물위생 조치	제18장 규제관행 및 규제협력
제7장 무역기술 장벽	제19장 농업 부문 협력
제8장 서비스 무역 · 투자 자유화 및 전자상거래	제20장 중소기업
제9장 자본이동, 지급, 결제 및 세이프가드	제21장 분쟁 해결
제10장 정부 조달	제22장 제도 규정
제11장 경쟁정책	제23장 최종 규정
제12장 보조금	

자료: 협정문 참조.

EU는 자동차, 식품안전, 의료장비와 의약품 등 관련 비관세 장벽 제거에 집중하였다.

돼지고기와 치즈 등 농산품과 유제품은 일본 정부가 TPP 협상 이전에 철저히 보호해왔던 영역이다. TPP에서 돼지고기는 4.3% 관세를 2.2%로 즉시 인하하고 이후 10년간 관세 철폐 유예기간을 두기로 합의하였다. 이의 사항을 기준으로 EU→일본 돼지고기 수출 협상은 차액 관세 부과인 현행 관세를 유지하며 10년에 걸쳐 인하하기로 합의하였다. 치즈, 파스타, 와인은 TPP 플러스, 즉 기준을 상회하는 협상안을 도출하였다. 치즈는 수입 쿼터(2만~3만 톤)를 신설한 후 15년에 걸친 단계 철폐 대상이며, 파스타는 10년 후 관세 철폐, 와인은 즉시 철폐 대상이 되었다.

일본 → EU 수출협상의 경우 한-EU FTA 등 이전 협상 사례가 기준이 되어 자동차 부품의 91.5% 즉시 철폐, TV 5년 후 관세 철폐로 동일

〈표 3-7〉 EU-일본 EPA의 분야별 주요 내용

<table>
<tr><th>영역</th><th colspan="2">경과</th></tr>
<tr><td rowspan="2">관세 인하</td><td>EU</td><td>일본</td></tr>
<tr><td>· 자동차, 식품안전, 의료장비, 의약품 등 관련 비관세 장벽 제거
· 정부조달시장 개방(예: 철도 서비스)
· 관세 제거
· 지리적 표시제 강화</td><td>· 관세: 고관세 제거(예: 자동차 10%, 전자기기 14%)
· EU 시장 내 규제 이슈에 대한 수렴
· 와인: 발효 후 즉시 철폐(15%)
· 치즈: 수입 쿼터를 신설하고 15년에 걸쳐 단계적으로 철폐(29.8%)
· 소고기 및 돼지고기: 10년에 걸쳐 차액 관세 철폐(4.3%)</td></tr>
<tr><td>비관세 장벽</td><td colspan="2">· 의약품: 우수 의약품 제조관리 기준 상호승인협정(GMP: Good Manufacturing Practice)
· 자동차: UNECE 기준 등 일본의 EU 가이드라인 준수 합의</td></tr>
<tr><td>자유이동 보장</td><td colspan="2">· 비즈니스 방문자, 투자자, 장 · 단기 출장자, 계약에 따른 서비스 제공자, 자영업자와 동반 배우자, 자녀의 입국 및 체류 보장</td></tr>
<tr><td>통신</td><td colspan="2">· 각국 당사국은 국제 모바일 로밍 요금과 로밍 서비스에 관한 기술적 대안에 대해 투명성과 경쟁력을 강화하기 위한 조치를 취할 수 있음</td></tr>
<tr><td>투자</td><td colspan="2">· 투자자 분쟁 해결의 경우 2017년 12월 최종 타결 시 합의에 도달하지 못해 EPA와는 별도로 협상을 진행</td></tr>
<tr><td>정부 조달</td><td colspan="2">· 일본 48개 도시 내에서 유럽 기업에 대한 비차별 대우 및 조달 관련 전자정보 공개에 합의
· 철도 공공조달 대규모 사업(40만 SDR 이상)에 대해서도 합의</td></tr>
<tr><td>개인정보 보호</td><td colspan="2">· EPA와 별도로 협의가 진행됐으며 2018년 7월 17일 EPA 서명과 동시에 GDPR 적정성 평가에 대한 합의
· 일본은 EU의 GDPR과 유사한 정보 보호법을 제정하였고, EPA와 별개로 2019년 1월 EU 측의 GDPR 최종 결정을 취득하였음</td></tr>
<tr><td>지리적 표시제</td><td colspan="2">· EU는 역내산 농수산식품 200개 이상 지리적 표시(GI)를 확보했으며 일본의 경우 홋카이도산 유바리 멜론, 고베 비프 등 30개 이상을 확보</td></tr>
<tr><td>지속 가능 발전</td><td colspan="2">· 지속 가능한 개발 및 기후변화 대응강화 방안 마련. 이외에도 고용, 안전, 환경, 소비자 보호 분야 등에 엄격한 기준을 수립
-노동권 보호: 결사의 자유, 단체 교섭권, 강제 노동의 철폐, 이동 노동 폐지, 고용 및 직업에 관한 차별 철폐 보호
-지속 가능 환경: 파리기후협약을 이행하겠다는 내용이 최초로 포함됨</td></tr>
</table>

자료: 아래 자료들을 참조하여 필자 정리.
European Commission, "EU-Japan Economic Partnership Agreement," https://ec.europa.eu/trade/policy/in-focus/eu-japan-economic-partnership-agreement(검색일: 2015. 12. 20).
Koichi Akaishi. "Japan-EU Economic Partnership Agreement/ Free Trade Agreement," http://www.kas.de/upload/dokumente/2015/01/150116_Praesentation_Akaishi.pdf(검색일: 2015. 12. 20).
KOTRA, "EU-일본 EPA 발효에 따른 유럽내 한 · 일 수출 경쟁여건 분석," Global Market Report 19-082(2019).

〈표 3-8〉 EU-일본 EPA 관세 쟁점 주요 품목

	품목	현행 관세	협상 현황	TPP 합의수준
EU→일본	돼지고기	차액 관세 부과	차액 관세 부과 유지 10년에 걸쳐 인하	4.3→2.2% 즉시 인하 관세 철폐 유예기간 10년(일)
	치즈	최대 29.8%	(TPP 수준 이상) 수입 쿼터(2만~3만 톤) 신설 15년에 걸쳐 단계 철폐	일부 단계적 인하 및 철폐(日)
	파스타	1kg당 30엔	TPP 수준 이상으로 인하 10년 후 관세 철폐	1kg당 12엔
	와인	15% 또는 1L당 125엔	즉시 철폐	관세 철폐 유예기간 7년
일본→EU	자동차	10%(승용차)	7년 후 관세 철폐	관세 철폐 유예기간 25년(美)
	자동차 부품	3~4%	91.5% 품목 즉시 철폐	80% 이상 품목의 관세 즉시 철폐(美)
	TV	14%	5년 후 관세 철폐	즉시 철폐(美)

자료: 外務省, 『日EU経済連携協定(EPA)に関するファクトシート』(2017).

하게 합의되었으나, 자동차 관세 철폐에 7년의 철폐 이행기간이 설정됨에 따라 시장 접근이 지연되었다.

EU-일본 EPA 협상에서 일본 정부가 시장을 보호하는 데 성공한 품목은 쌀 및 해조류 등이었다. 동 협상에서 쌀 및 해조류는 관세 철폐 예외 품목에 합의하였다.

서비스 시장 개방 및 비관세 장벽 철폐

서비스 시장 개방 방식에서 동 EPA는 EU-캐나다 CETA(EU-Canada Comprehensive Economic and Trade Agreement) 방식을 선례로 하여 네거티브 리스트 방식으로 체결하였다. EU 국적 선박의 일본 연안 화물운송 절차를 간소화하였으며, 일본 철도 분야 시장을 개방하여 현재까지 일본이 안전 주석(운행상 안전과 관련된 조달 분야는 국제입찰 금지)으로 유지해온 조항을 철폐하였고, EU는 차량을 포함한 철도 관련 품목의 일부를 일본 기업에 개방하였다.[18] 이와 더불어 한국-EU FTA와 마찬가지로 EU-일본 EPA에는 GI 조항이 강화되었다. GI에 농산품, 유제품과 주류가 함께 포함되었는데, 이를 위해 양측의 제도와 보호 대상을 확인하고, 높은 수준의 수렴을 위해 절차를 도입하는 것에 합의하였다.[19]

또한 시장 접근 부문에서도 EU는 EU-일본 EPA를 통해 다음과 같은 성과를 거두었다.[20] 첫째, 우편 및 택배 영역에서 보편적 서비스 의무, 국경 절차, 면허 및 규제 기관의 독립성에 관한 조항이 포함되었다. 우편 및 택배 서비스의 EU 공급업체와 Japan Post와 같은 일본 경쟁업체 간의 공평한 경쟁의 장을 보장하였다. 둘째, 통신 영역에서 통신 서비스 제공자를 위한 공정한 경쟁의 장을 구축하고 보편적 서비스 의무, 번호 이동성, 모바일 로밍 및 통신의 기밀성과 같은 문제에 중점을 둔 조항을 포함하였다. 셋째, 국제 해상운송 서비스 영역에서 국제 해상 서비스(운송 및 관련 서비스)와 항구 및 항만 서비스에 대한 개방적이고 비차별적인 접근을 유지해야 하는 의무를 포함하였다. 넷째, 금융 서비스 영역에서 새로운 금융 서비스, 자율 규제 기관, 지불 및 청산 시스템, 투명성, 우편 기관

18 김은영 · 이준원 · 민경실(2017), pp. 3–4.

19 外務省, 『日EU経済連携協定(EPA)に関するファクトシート』(2017).

20 EU-일본 EPA 서비스 시장 접근에 대한 내용은 아래 문헌에서 발췌하였다.
European Commission DG Trade, "EU-Japan Economic Partnership Agreement," https://trade.ec.europa.eu/access-to-markets/en/content/eu-japan-economic-partnership-agreement(검색일: 2021. 11. 10).

에서 제공하는 보험 서비스의 규칙에 대한 구체적인 정의, 예외 및 규정이 포함되었다. 다섯째, 기업인의 임시 이동과 관련하여 EU가 지금까지 협상한 비즈니스 목적을 위한 인력 이동에 관한 가장 진보한 조항(Mode 4)이 포함되었다. 기업 내 전근자, 투자 목적의 비즈니스 방문자, 계약 서비스 공급자 및 독립 전문가와 같은 모든 기존 범주와 단기 비즈니스 방문객, 투자자와 같은 새로운 범주가 포함되었다. 서비스 공급자이거나 서비스 공급자를 위해 일하는 사람과 배우자와 자녀를 동반하는 데 동의한 것이다. 여섯째, 정부 조달 영역에서 일본은 48개 중핵도시 및 지방독립행정법인의 사업과 철도 분야에 대한 EU 기업의 참여를 허용하였다.

EU는 일본의 비관세 장벽 철폐 여부를 FTA 협상 유지의 조건으로 제시하였으며, 이후 협상은 EU 측의 관세 장벽 철폐와 일본 측의 비관세 장벽 철폐가 교환되는 양상으로 진행되었다.[21] EU는 협상 개시 당시 일본 측에 30개 비관세 장벽에 대한 리스트(1차)를 전달해 1년의 기간 중 일본 정부가 철폐 노력을 보일 것을 요구하고, 이를 협상 유지의 조건으로 제시한 바 있다.[22] 2014년 12월 8차 협상 당시 EU는 일본 측에 2차 비관세 장벽 리스트를 전달하였다.

EU-일본 EPA에서도 양측은 자동차, 전자, 의약, 섬유, 화학 등의 영역에서 동일한 기술규제와 국제표준에 합치함으로써 상당한 수준의 비관

---

21 European Commission, "A Free Trade Agreement between the EU and Japan," http://europa.eu/rapid/press-release_MEMO-13-572_en.pdf(검색일: 2021. 11. 10).

22 Nikkei Asian Review, "EU expanding list of nontariff barriers in talks with Japan," http://asia.nikkei.com/Politics-Economy/Economy/EU-expanding-list-of-nontariff-barriers-in-talks-with-Japan(검색일: 2021. 11. 10).

〈표 3-9〉 일본의 비관세 장벽

	품목	현행 관세	EPA 협정 내용
EU			발효 즉시 86% 품목 관세 철폐, 15년 내 97% 철폐
	자동차	10%	7년 후 관세 철폐
	자동차 부품	3~4.5%	91.5% 품목, 발효 후 즉시 철폐
	전자제품	최대 14%	91.2% 품목, 즉시 철폐 관세율이 가장 높은 TV(14%)는 5년 후 철폐
	기계	2.7~8%	86.6% 품목 즉시 철폐
	화학	6.5%	88.4% 품목 즉시 철폐
일본			발효 즉시 96% 품목 관세 철폐, 15년 내 99% 철폐
	와인	15%	발효 후 즉시 철폐
	치즈	최대 40%	쿼터제(소프트치즈) 및 15년 단계 철폐(하드치즈)
	돼지고기	4.3%	10년에 걸쳐 차액 관세 철폐 EU의 대일 농산물 중 대일 수출 1위 품목
	가공식품	품목별 상이	파스타(10년), 초콜릿(10년), 코코아 파우더(즉시 철폐), 캔디류(10년), 토마토 소스(5년) 등

자료: KOTRA, "EU-일본 EPA 발효에 따른 유럽 내 한 · 일 수출 경쟁여건 분석," Global Market Report 19-082(2019), p. 6.

세 장벽을 폐지하는 데 합의하였다. 비관세 장벽 폐지에 관한 요구는 EU 내 산업계에서 강하게 주장해온 사항이며, 자동차산업의 경우 일본 내 비관세 장벽은 EU의 대일 수출에 12.5%의 추가적 관세에 해당하는 부담을 주는 것으로 알려졌다.[23] 첫째, 자동차 부문에서 UN ECE(Economic Commission for Europe) 국제표준을 준수하는 데 합의하였으며, 일본이 EU

23 EU-일본 EPA 서비스 시장 개방에 대한 내용은 다음 문헌에서 발췌하였다. European Commission DG Trade, "EU-Japan Economic Partnership Agreement," https://trade.ec.europa.eu/access-to-markets/en/content/eu-japan-economic-partnership-agreement(검색일: 2021. 11. 10).

의 차량 수출에 대해 비관세 장벽을 (재)도입할 경우 EU가 관세를 재도입할 수 있는 세이프가드 및 조항이 포함되었다. 둘째, 의료기기 부문에서 2014년 11월 일본은 의료 기기에 대한 EU QMS 시스템의 기반이 되는 품질 관리 시스템(QMS)에 대한 국제표준을 채택하였다. 셋째, 2015년 3월 일본은 EU에서 사용되는 것과 유사한 국제 섬유 라벨링 시스템을 채택하였다. 넷째, 신고 시스템 폐지 부문에서는 의약품, 의료기기, 화장품의 중복신고 시스템을 폐지하였다. 다섯째, 2018년부터 유럽 맥주는 '알코올성 청량음료'가 아닌 맥주로 수출하기로 하였다. 여섯째, 의약품 영역에서는 ICH(International Council on Harmonisation of Technical Requirements for Pharmaceuticals for Human Use, 의약품 규제 조화 위원회) 가이드라인에 표준을 합치하였다.

지리적 표시제

지리적 표시제(GI)는 EU-일본 EPA 14조 22항~14조 30항에 해당한다. 동 협정에는 발효 당시 217개 EU GI(식품 72개, 와인 및 주류 145개)와 56개 일본 GI(식품 48개, 와인 및 증류주 8개) 등록(여러 예외 및 제외사항 포함됨)이 포함되었다.

2021년 2월 28개 EU GI(농산물 21개, 주류 7개)를 추가하여 245개 GI(EU 및 영국 측 238개)가 등록되었다. EU는 한국, 일본 등 사회문화 권역이 다른 동양권 국가와의 GI 협상을 중요시하고 있다.

EU 등록 주요 GI는 샴페인(Champagne), 페타(Feta), 파르미지아노 레지아노(Parmigiano Reggiano), 카망베르 드 노르망디(Camembert de Normandie), 프로슈토 토스카노(Prosciutto Toscano), 스카치위스키(Scotch Whisky), 프로세코(Prosecco) 등이 있다. 일본이 등록한 주요 GI는 홋카이도산 유바리 멜론

(夕張メロン/Yubari Melon), 고베 비프(神戸ビーフ/神戸肉/神戸牛, Kobe Beef/Kobe Niku/Kobe Gyu), 일본주(日本酒/Nihonshu), 니시오 말차(西尾の抹茶/Nishio Matcha) 등이 있다. EU-일본 EPA에 등록된 일본주는 국명이 지리로 인정된 사례이다.[24]

EU-일본 EPA GI 규정은 이미 사용하고 있는 상품에 한하여 7년간(발효일 2019. 2. 1~2026. 1. 31)의 일몰조항을 두고 있다. 앞선 EU-캐나다 CETA GI 예외조항(20. 21)에는 2013년 10월 18일 이전(최소 5년 이상 영업) 상업적 등록 혹은 승계인 및 양수인에 대해 영구 사용을 허용하였으나, EU-일본 EPA에서 강화되었다. 제3국과 동음이의어 GI 보호를 등록하려는 경우 상대방 측에 이에 관한 의견 제시 기회를 먼저 주어야 함(예: 스페인의 Rioja와 아르헨티나의 Rioja)을 규정하고 있다.

지속 가능 개발

EU는 노동과 환경 부문에서 아시아 국가들이 경제발전에 비해 비교적 더딘 제도적 발전을 추진해왔다고 판단하고 이에 대해 FTA를 통해 강화를 촉구해왔다. 2021년 1월 26~27일 개최된 EU-일본 EPA 2차 통상 및 지속가능위원회(The Committee on Trade and Sustainable Development)에서는 교차 이슈(cross-cutting)로 노동 및 환경 주제를 협의하였다. 기후변화와 관련하여, EU-일본 EPA를 통해 EU는 최초로 무역협정에 파리기후변화협약에 관한 양측의 확약(commitment)을 포함하고 근로자 권리보호를 담는 등 관세 철폐를 비롯한 모든 내용을 포괄하고 있다고 설명한다. 노동부문에서 일본은 OECD 국가 중 ILO 핵심협약 8개 조항에 대한 미비

24 협정문 참조.

준 6개 국가 중 하나이다. 일본 제105호(강제노동철폐협약), 제111호(고용 · 직업상 차별협약)에 대해 미비준 상태이다. 이에 통상 및 지속가능위원회에서는 ILO 핵심협약 비준 및 이행과 잠재적 협력활동을 포함한 무역 및 노동에 관한 발전을 추진하고 있다.[25]

투자

EPA 협정문은 별도의 투자자보호제도를 포함하지 않았다. 일본은 현행 방식인 민간기구가 주체가 되는 투자자-국가분쟁해결제도(ISDS)를 선호하는 반면 EU는 각국 사법주권을 존중하는 방식의 투자법원제(ICS)를 채택해야 한다는 입장이다.[26] 양측 입장 차로 인해 EU-캐나다 CETA, EU-베트남 FTA에 포함된 투자법원제도(ICS)는 EPA에 포함하지 않고 별도로 논의하기로 하였다.

4) EU-일본 EPA 경과

2019년 2월 1일 발효한 EU-일본 EPA는 최초 1년간 교환된 통계에서 다음과 같이 EPA 사용률을 나타내고 있다. 일본→EU: 34%(EUROSTAT 기준)/EU → 수입: 52%(일본무역통계, 상세 수입품) 기준에 해당한다. 2020년 1

---

25 협정문 참조.

26 KOTRA, "EU-일본 EPA 서명, 내년 3월 발효 목표로 추진 중," https://www.fta.go.kr//webmodule/htsboard/template/read/fta_infoBoard_03_view.jsp?typeID=8&boardid=134&seqno=142627(검색일: 2021. 11. 10).

월~12월까지 EU 상품 수출은 €1 931.7bn 감소, 수입은 €1 714.2bn 감소하였다.[27]

EU-일본 EPA 상품교역을 살펴보자. EU-일본 EPA에 대한 EU의 1주년 평가에 의하면, EU → 일본 수출액은 지난해 같은 기간보다 6.6% 증가 했다. 지난 3년 평균 수출액 증가(4.7%)에 비해 높은 수치를 기록하여, 동 기간 일본 → EU 수출액은 6.3% 증가하였다.[28]

① 낙농품: 10.4% 증가(버터+47% 등)
② 음료: 20% 증가(와인+17.3% 등)
③ 가죽제품 및 의류: 각각 14%, 9.5% 증가
④ 전기기계(통신장비, 저장장치, 전자회로 등): 16.4% 증가
⑤ 육류: 쇠고기 12% 증가, 돼지고기 12.6% 증가, 냉동 쇠고기 221% 증가 등

EU-일본 EPA에 대한 EU 측 평가는 긍정적이다. 필 호건(Phil Hogan) EU 통상담당 집행위원은 "EU-일본 무역협정은 유럽과 일본의 시민, 노동자, 농부와 기업들에게 혜택을 주고 있다. 개방성, 신뢰 및 확립된 규칙에 기반을 둔 무역에서 지속 가능한 성장을 제공하는 데 도움이 된다."라고 평가하였다. 동 협정은 지리적 표시 보호(EU 측 GI 211건)와 지속 가능 발전(TSD), 정부 조달 등 주요 영역에서도 괄목할 만한 성과를 나타내었다.

---

27 外務省, "日EU · EPA発効後の輸入統計の交換," https://www.mofa.go.jp/mofaj/ecm/ie/page24_001151.html(검색일: 2021. 4. 10).

28 European Commission, "Trade: First year of the EU-Japan Economic Partnership Agreement shows growth in EU exports," https://trade.ec.europa.eu/doclib/press/index.cfm?id=2107(검색일: 2021. 4. 10).

〈그림 3-3〉 일본 및 기타 비EU 국가와의 EU 상품무역(2020~2021)

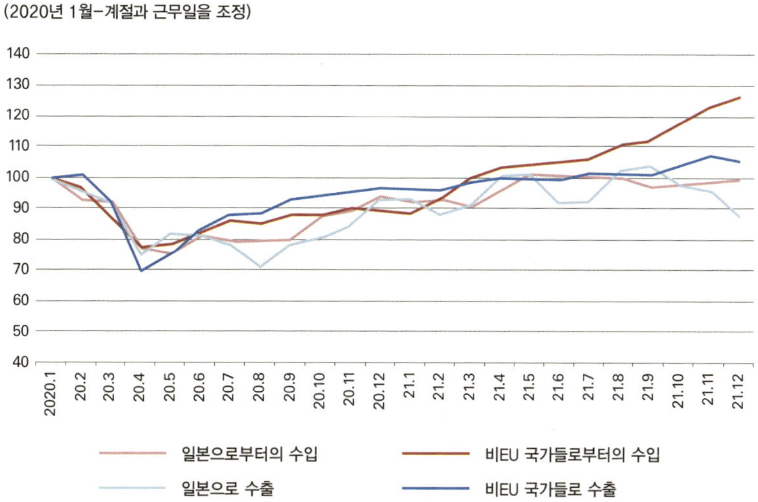

자료: eurostat, "Japan-EU-international trade in goods statistics," https://ec.europa.eu/eurostat/statistics-explained/index.php?title=Japan-EU_%E2%80%93_international_trade_in_goods_statistics#EU_and_Japan_in_world_trade_in_goods(검색일: 2022. 3. 10).

EU-일본 EPA는 발효 1주년이 되기 전 코로나19의 영향을 받게 되었다. 이로 인해 2020년 동안 EU와 일본 간의 수출 및 수입이 모두 감소하였다.

EU-일본 간 수출은 2020년 8월 최소 38억 유로에 도달하였으며, 2020년 12월 양측 간 수출은 50억 유로로 회복하였다. 수입은 2020년 5월 최소 39억 유로에 도달했으며, 같은 해 12월 수입은 52억 유로로 회복하였다(〈그림 3-3〉 참조).

세계 상품무역에서 EU와 일본은 각각 2위와 4위를 차지했다. 수출 부문에서 일본은 EUR 630 billion, 4.5%를 기록하여 중국(EUR 2 233 billion, 18.0%), EU(EUR 2 132 billion, 15.4%), 미국(EUR 1 468 billion, 10.0%)을 잇고 있

〈그림 3-4〉 2020년 세계 상품무역에서 국가별 수출/수입 비중(단위: %)

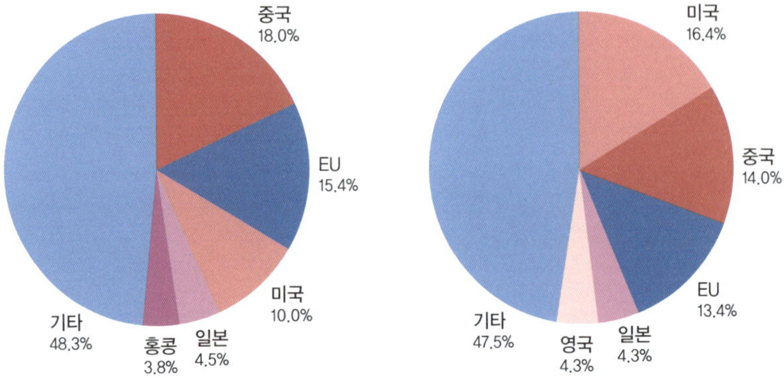

(a) 수출시장 점유율 (b) 수입시장 점유율

자료: eurostat, "Japan-EU-international trade in goods statistics," https://ec.europa.eu/eurostat/statistics-explained/index.php?title=Japan-EU_%E2%80%93_international_trade_in_goods_statistics#EU_and_Japan_in_world_trade_in_goods(검색일: 2022. 3. 10).

〈그림 3-5〉 2021년 상품교역에서 EU 시장에 대한 점유율(단위: %)

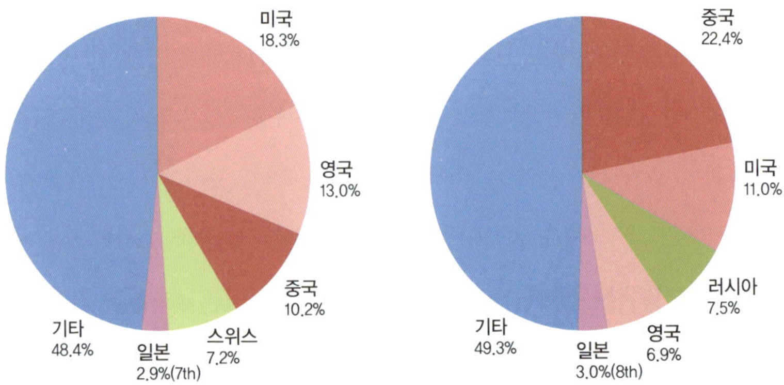

(a) EU 수출시장 점유율 (b) EU 수입시장 점유율

자료: eurostat, "Japan-EU-international trade in goods statistics," https://ec.europa.eu/eurostat/statistics-explained/index.php?title=Japan-EU_%E2%80%93_international_trade_in_goods_statistics#EU_and_Japan_in_world_trade_in_goods(검색일: 2022. 3. 10).

다. 수입 부문에서 일본(EUR 644 billion, 4.3%)도 미국(EUR 2,293 billion, 16.4%), EU(19,400억 유로, 13.4%), 중국(EUR 1,857 billion, 14.0%)의 뒤를 잇는다(〈그림 3-4〉 참조).

2021년 기준 EU의 4대 수출 상대국은 미국(18.3%), 영국(13.0%), 중국(10.2%), 스위스(7.2%)이며, EU의 4대 수입국은 중국(22.4%), 미국(11.0%), 러시아(7.5%), 영국(6.9%)이다(〈그림 3-5〉 참조).

2010~2020년간 EU 및 일본 상품무역의 변화는 〈그림 3-6〉과 같다. 100으로 지수화된 EU와 일본의 상품 수출입을 확인하면, EU 수출은 2010년(100)에 가장 낮았고 2019년(149)에 가장 높았으며, 2020년에는 지표가 135였다(〈그림 3-6〉 참조). EU 수입은 2010년(100)에 가장 낮았고

〈그림 3-6〉 2010~2020 EU 및 일본 상품무역(단위: 2010년 수출입 교역 기준 100에 대한 비율(%))

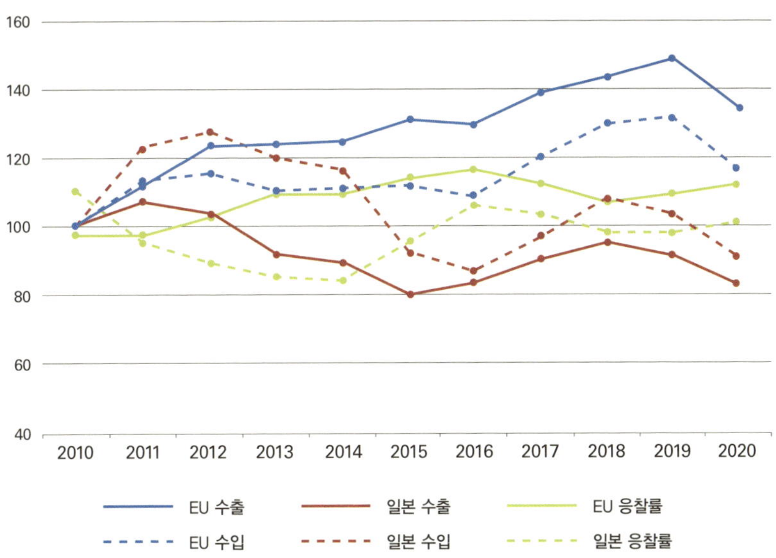

자료: eurostat, "Japan-EU-international trade in goods statistics," https://ec.europa.eu/eurostat/statistics-explained/index.php?title=Japan-EU_%E2%80%93_international_trade_in_goods_statistics#EU_and_Japan_in_world_trade_in_goods(검색일: 2022. 3. 10).

〈그림 3-7〉 상품무역에서 EU 주요 파트너 중 일본(2021)

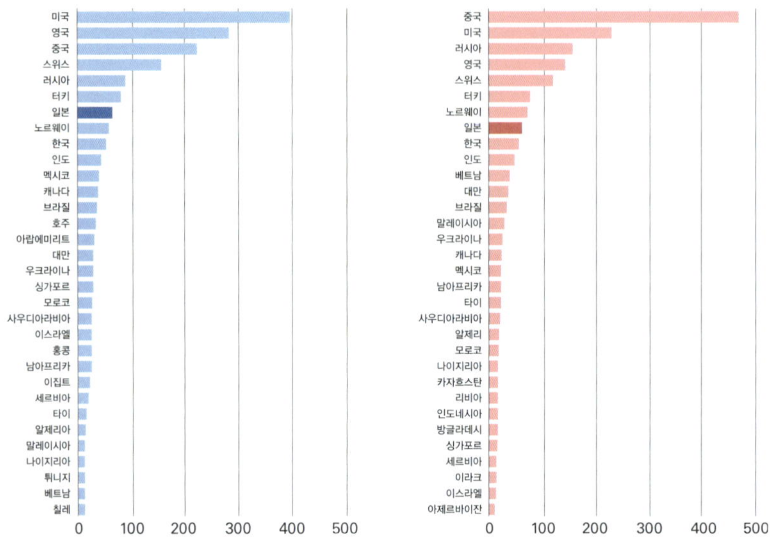

(a) EU 수출대상국 중 일본의 순위 (b) EU 수입대상국 중 일본의 순위

자료: eurostat, "Japan-EU-international trade in goods statistics," https://ec.europa.eu/eurostat/statistics-explained/index.php?title=Japan-EU_%E2%80%93_international_trade_in_goods_statistics#EU_and_Japan_in_world_trade_in_goods(검색일: 2022. 3. 10).

2019년(132)에 가장 높았으며, 2020년 지표 117이었다. 반면 일본 수출은 2015년(81)이 가장 낮았고 2011년(107)이 가장 높았으며, 2020년 지표 83이었다. 일본 수입은 2016년(88)이 가장 낮았고 2012년(128)이 가장 높았으며, 2020년 지표는 92였다(〈그림 3-6〉 참조).

EU의 일본에 대한 수출 및 수입 모두 2011년과 2021년 사이 지속적으로 증가해왔다. 2011년에 EU는 일본과의 무역 적자가 160억 유로에 달하였다. 2021년 EU에 대해 일본은 흑자 규모를 유지하였으나 그 폭이 감소하였다. 2020년 EU의 4대 수출 파트너는 미국(18.3%), 영국(14.4%), 중국(10.5%), 스위스(7.4%)이며, 7대 수출국인 일본(540억 유로, 2.8%)은 터키

(700억 유로, 3.6%)와 노르웨이(EUR 490억 유로, 2.5%) 사이에 해당하고, 7대 수입국으로서의 일본(550억 유로, 3.2%)은 노르웨이(630억 유로, 3.6%)와 한국(440억 유로, 2.6%) 사이에 해당한다(〈그림 3-7〉 참조). 일본에 대한 EU 수출은 2019년에 가장 높았고(630억 유로) 2011년에 가장 낮았다(440억 유로). 일본으로부터의 EU 수입은 2019년에 630억 유로로 가장 높았고 2013년에 490억 유로로 가장 낮았다(〈그림 3-7〉 참조).

2011~2021년 상품 유형별 EU-일본 무역은 〈그림 3-8〉과 같다. 〈그림 3-8〉에서 빨간색 음영은 식품 및 음료, 원자재, 에너지이며, 파란색 음영은 화학제품, 기계 및 차량, 기타 공산품이다. 2021년에 EU는 화학제품(83억 유로), 식품 및 음료(65억 유로), 기타 상품(23억 유로), 원자재 무역 흑자를 기록하였는데, 이는 원자재(15억 유로), 에너지(3억 유로)에 해당한다. 2020년 EU의 공산품 수입(97%)도 1차 상품(2%)보다 더 높은 점유율

〈그림 3-8〉 2011~2021 상품 유형별 EU-일본 무역(단위: billion €)

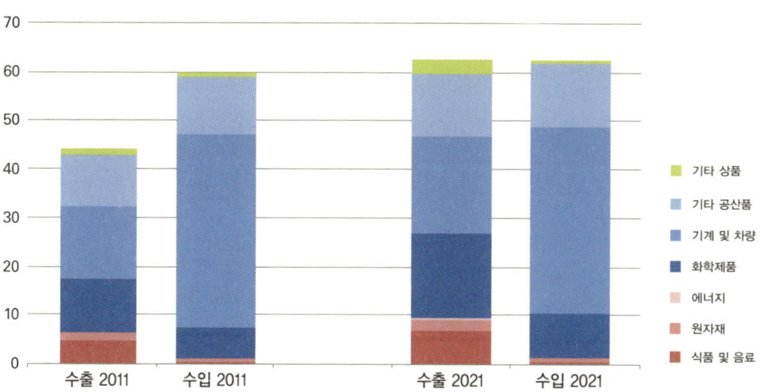

자료: eurostat, "Japan-EU-international trade in goods statistics," https://ec.europa.eu/eurostat/statistics-explained/index.php?title=Japan-EU_%E2%80%93_international_trade_in_goods_statistics#EU_and_Japan_in_world_trade_in_goods(검색일: 2022. 3. 10).

〈그림 3-9〉 2011~2021 제품류별 일본과의 EU 무역

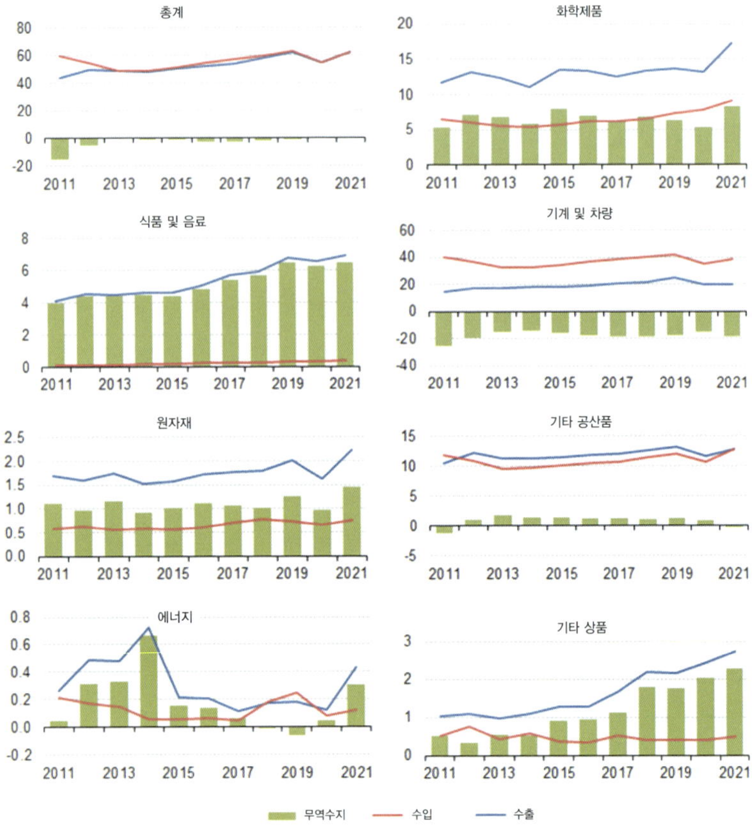

자료: eurostat, "Japan-EU -international trade in goods statistics," https://ec.europa.eu/eurostat/statistics-explained/index.php?title=Japan-EU_%E2%80%93_international_trade_in_goods_statistics#EU_and_Japan_in_world_trade_in_goods(검색일: 2022. 3. 10).

(기계 및 차량(64%))이었고 기타 공산품(20%)과 화학제품(14%)이 그 뒤를 이었다. EU는 기타 공산품(10억 유로)과 기계 및 차량(187억 유로)에서 무역 적자를 기록했다(〈그림 3-8〉 참조).

2011~2021년 제품류별 일본과의 EU 무역은 〈그림 3-9〉와 같다.

〈그림 3-10〉 2021년 EU-일본 상위 거래 상품 20개(단위: billion €)

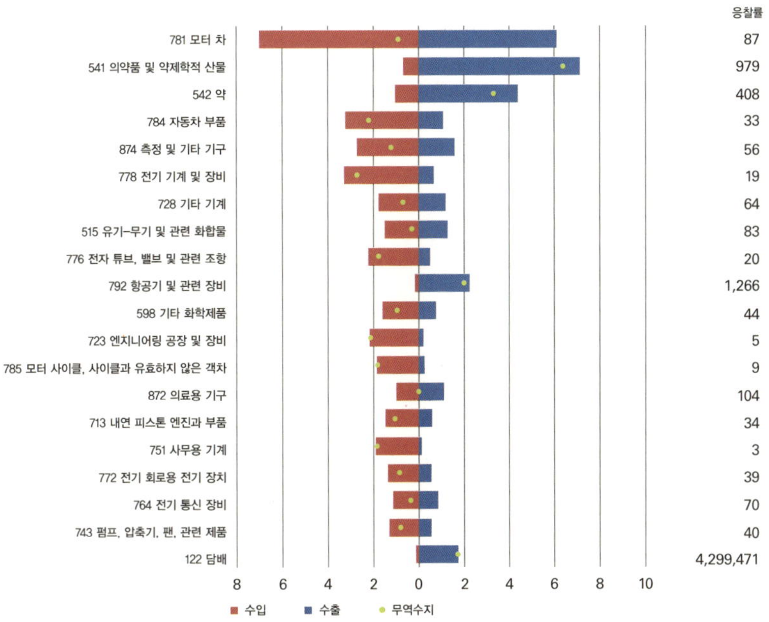

자료: eurostat, "Japan-EU-international trade in goods statistics," https://ec.europa.eu/eurostat/statistics-explained/index.php?title=Japan-EU_%E2%80%93_international_trade_in_goods_statistics#EU_and_Japan_in_world_trade_in_goods(검색일: 2022. 3. 10).

2021년 EU는 식품 및 음료(유로 65억), 화학제품(유로 83억), 기타 상품(유로 23억), 원자재(유로 15억), 기타 공산품(유로 10억)에서 무역 흑자를 기록하였고, EU는 기계 및 차량에서 무역 적자(유로 187억)를 기록하였다(〈그림3-9〉 참조).

〈그림 3-10〉은 2021년 EU-일본 상위 거래 상품 20개를 제시한 도표이다. 이 상위 20개 상품은 2021년 총 상품 무역의 63%를 차지하였다. 13개는 기계 및 차량, 4개는 화학제품, 2개는 기타 공산품, 1개는 식품 및 음료에 속한다. 이 수준에서 가장 많이 거래되는 상품 그룹은 기계 및 차량류였다. EU-일본 간 무역 상품의 커버 비율(수출/수입)은 10개

제품이 50% 미만이었다. 이는 일본으로부터의 EU 수입이 일본에 대한 EU의 수출보다 최소 2배 이상 많다는 것을 나타내는 것으로, 6개 제품이 50~200% 사이로 거래가 균형을 이루고 있다(〈그림 3-10〉 참조).

3. EU의 대일본 통상정책의 특징

1) 2022년 EU-일본 파트너십

EU-일본은 2022년 3월 25일 양자 EPA 공동위원회를 개최하였다. 2022년 EU-일본 EPA가 3주년을 맞이하여 양측은 그간 팬데믹으로 정체되었던 무역 관계를 회복할 수 있을 것으로 기대하였다. 2021년 양자 간의 상품 교역이 1,250억 유로에 달하여 팬데믹 이전 수준에 근접하였다. 무역 및 투자 관계 외에도 양측은 민주주의의 가치를 공유하고 러시아의 우크라이나 침공에 대응하기 위해 단합된 파트너임을 공고히 하고 있다.[29] 최근 일본은 우크라이나 사태를 맞이하여 액화천연가스를 EU에 공급하였으며, 코로나바이러스 확산 시기 3억 4천만 도즈 이상의 EU산 백신을 수입해, 위기에 봉착했을 때 협력관계를 공고히 하였다.

29 European Commission, "EU-Japan trade bounces back to pre-pandemic levels," https://trade.ec.europa.eu/doclib/press/index.cfm?id=2375(검색일: 2022. 3. 15).

2022년 EU-일본 EPA 공동위원회에서 양측은 다음의 세 가지 핵심 사항을 논의하였다. 첫째, 특정 범주의 EU 농산물에 대한 일본의 수입 조건 완화를 통해 시장 접근 개선 방안을, 둘째, WTO를 포함한 글로벌 무역 과제에 대한 협력 논의, 셋째, GI 상품군 확대 등을 논의하였다. 이를 통해 2022년 2월 1일부터 EU와 일본은 피멘톤 데 라 베라(Pimentón de la Vera) 향신료, 페코리노 사르도(Pecorino Sardo) 치즈, 요시카와(Yoshikawa) 가지, 닛사토(Nissato) 파와 같은 상품 등 28개 GI를 확대하였다.[30]

2) 아시아 시장 전략으로서의 EU의 대일본 통상정책

아시아 시장에 대한 비관세 장벽 완화 주력

EU는 전통적으로 무역협상을 통해 비관세 장벽 완화를 통한 규범 확산을 유효하게 진행해왔다. 이를 학자들은 브뤼셀 효과(Brussels Effect)라 칭해왔다. 브래드포드(Anu Bradford, 2012)가 처음으로 언급한 브뤼셀 효과는 단일시장으로서 가장 거대한 시장을 갖춘 EU가 이러한 입장을 토대로 자신의 엄격한 표준 및 규제 능력의 조합을 수출기업 혹은 통상협상 상대국에 확산시킬 수 있는 능력에 집중한다.[31] EU-일본 EPA에서 양측은 자동차, 전자, 의약, 섬유, 화학 등의 영역에서 동일한 기술규제와 국제

30 European Commission, "EU–Japan trade bounces back to pre–pandemic levels," https://trade.ec.europa.eu/doclib/press/index.cfm?id=2375(검색일: 2022. 3. 15).

31 김현정, "포스트 코로나19 이후 한국–EU 통상 협력 전망: FTA 내 신통상 이슈 및 비무역의제를 중심으로," 『한국과 국제사회』 6권, 3호(2022), pp. 177–178.

표준에 합치함으로써 상당한 수준의 비관세 장벽을 폐지하는 데 합의하였다. 비관세 장벽 폐지에 관한 요구는 EU 내 산업계에서 강력하게 주장해온 사항이다. 자동차산업의 경우 일본 내 비관세 장벽은 EU의 대일 수출에 12.5%의 추가적 관세에 해당하는 부담을 주는 것으로 알려졌다. 일본은 자동차, 의약품, 섬유 등의 산업에서 EU가 따르고 있는 국제표준 및 가이드라인을 따르기로 합의했다. 대표적으로 자동차는 UN ECE 국제표준, 의약품(ICH: International Council on Harmonisation of Technical Requirements for Pharmaceuticals for Human Use) 가이드라인에 표준을 합치하였다.[32] EU-일본 EPA를 통해 EU는 비관세 장벽 철폐 및 규제 합치에 주력하였고, 이에 일본이 응하면서 무역협정 내에 비무역의제(NTA: non Trade Agenda)가 강화되었다.

아시아 시장 지식재산권, 정부 조달, 개인정보 국경 간 이동에 관한 협력 강화 추진

EU는 그동안 아시아 시장 지식재산권 영역의 제도적 신장을 촉구해왔다. 저작권의 50년 보장 → 70년 보장 이행, GI에 대한 적용 강화 등을 중점적으로 진행해왔다. EU-일본 EPA에서 EU 측 GI 200여 개가 포함된 점도 해당 분야에 대한 중점 전략에서 비롯되었다.

더불어 정부 조달 EU-일본 EPA를 통해 재무 · 전자상거래 · 통신 · 교통 서비스 시장 개방 및 일본 54개 지방도시 공공조달 사업에 대한 유럽 기업 참여 허용 등이 포함되었다.

---

32 조동희 · 오태현 · 이형근 · 이정은 · 김영귀, "일 · EU 경제동반자협정(EPA) 기본합의와 시사점," 『KIEP 오늘의 세계경제』 17권, 23호(2017), p. 6.

개인정보 국경 간 이동(GDPR)은 현재 FTA와 별개로 진행되나, 추후 EU가 체결하는 FTA에 합치될 가능성이 있다. 현재까지 일본(2019. 1)과 최종 결정을, 영국(2021. 3), 한국(2021. 3)과 초기 적정성 결정을 진행해왔다.

EU-아시아 지속 가능 개발에 대한 협력 중점 추진

EU는 노동과 환경 부문에서 아시아 국가들이 경제발전에 비해 비교적 더딘 제도적 발전을 추진해왔다고 판단하고 이에 대해 FTA를 통해 강화를 촉구해왔다. 2021년 1월 26~27일 개최된 EU-일본 EPA 2차 통상 및 지속가능위원회(The Committee on Trade and Sustainable Development)는 교차 이슈(cross-cutting)로 노동과 환경 주제를 협의한 바 있다.

첫째, 기후변화 영역에서 EU-일본 EPA를 통해 EU는 최초로 무역협정에 파리기후변화협약에 관한 양측의 확약(commitment)을 포함하고 근로자 권리보호를 담는 등 관세 철폐를 비롯한 모든 내용을 포괄하고 있다고 설명하였다.

둘째, 노동 영역에서 일본은 OECD 국가 중 ILO 핵심협약 8개 조항에 대한 미비준 6개 국가 중 하나이다. 일본 제105호(강제노동철폐협약), 제111호(고용 · 직업상 차별협약)에 대해 미비준 상태이다. 이에 통상 및 지속가능위원회에서는 ILO 핵심협약 비준 및 이행과 잠재적 협력활동을 포함한 무역과 노동에 관한 발전을 추진하고 있다.

3) EU-일본 EPA의 시사점

최근 EU의 FTA 발효 건에서 EU는 시장 접근 영역, 규범 확산에 집중하는 모습을 보이고 있다. 특히 EU는 EU-일본 EPA에서는 우정 서비스, 택배 서비스, 보험 서비스 개방에 주요 성과를 얻었다.

한국은 한-EU FTA 현대화 협상을 앞두고, EU가 체결한 캐나다, 일본, 싱가포르 FTA에 대해 적극적 검토를 이행할 필요가 있다.

첫째, 한국은 기체결 FTA를 통해 통신 서비스 영역 규범 검토를 이행하여야 한다. 통신의 정의와 범위에서 기본통신사업자, 부가통신사업자 구분 여부에 관한 검토, 공공 통신이동 서비스의 범위 규정에 관한 검토가 필요하며, 공급업체에 대한 경쟁적 안전조치와 반경쟁적 관행의 범주를 고려하여야 한다. 또한 통신 서비스 공급 허가 규정에 관한 합의가 필요하고, 기술 선택의 유연성 조항을 포함한 검토가 필요하다.

둘째, 우리 정부는 '디지털 서비스' 독립 챕터를 구상해볼 수 있을 것이다. 기존 통신 서비스, 전자상거래 영역을 포함해, 디지털 영역의 새로운 규범과 이슈를 반영하여 한국형 FTA 탬플릿을 구상할 수 있다. 특히 AI 규제, GDPR, 디지털 시장법(디지털세), 디지털 서비스법, e-privacy 상호 인증 등에 대한 새로운 챕터를 만들어 한국형 FTA 탬플릿을 제시해 볼 수 있다. '서비스 시장 접근에 대한 네거티브 방식+래칫'을 적용할 경우 현재/미래 유보사항 외에 미래 시장에 대한 개방을 의미한다. 이에 '디지털 서비스' 시장에 대한 구체적인 제어가 필요할 것이다.

셋째, EU의 새로운 지침에 대한 FTA 협상 이슈를 예측하여 대응책을 마련할 필요가 있다. 특히 기업실사의무지침(Corporate due Diligence and

Accountability) 적용 시 영향을 받을 수 있는 분야 검토가 필요하다. 그 예로 중소기업, 문화 콘텐츠, 문화 서비스 등을 들 수 있다.

넷째, 지리적 표시제 상품 추가 및 제도적 확대를 모색하여야 한다. 특히 비농산품으로의 GI 확대와 제도적 보완이 필요하다. 단순히 한-EU 간 상품 등록이 아닌, 아시아 시장에서 한국 GI 보호를 위한 제도적 보완이 필요(PGI, PDO, TSG)하다. GI 제도 세분화를 통해 최근 한국 내 GI 제도의 문제점들(예: 한국 김치)에 대한 개선책을 제시할 수 있을 것이다. 또한 관련 국제협약 가입 등(WIPO 제네바 조약, Geneva Act of the Lisbon Agreement on Appellations of Origin and Geographical Indications)에 대한 검토가 필요하다.

다섯째, 지적재산권 챕터 내 예술품 재판매권에 대한 재고가 필요하다. 한-EU FTA 내 '예술가의 예술저작물에 대한 재판매권(10. 10)'에 이미 예술품 재판매권 사항이 기재되어 있고, 협정 발효 후 2년이 경과한 시점부터 이를 논의하기로 되어 있으나, 현재까지 진행되지 않았다. 예술품 저작권 추급권에 관한 국내 논의가 상당한 수준으로 진전된 만큼 개정 협상 시 이에 대한 논의가 진전될 것으로 판단된다.

여섯째, 단일특허제도(UPS) 및 통합특허법원(UPC) 등 단일특허 보호 시스템을 제공할 필요가 있다. EU-일본 EPA 내 'Sub-section 6 특허'에는 양측에 단일사법 시스템을 포함하는 단일특허 보호 시스템(The EU Unitary System)을 제공하는 것의 중요성을 강조하는 문구가 포함되었다.

제4장

EU의 대한국 통상정책

방청록 한동대학교 국제어문학부 교수

1. EU의 대한국 통상정책 추진의 배경

EU와 한국은 1963년 공식 외교관계를 수립한 이래 상호 간 전략적으로 중요한 의미를 지니는 협력 대상국으로서 긴밀한 정치경제적 협력관계를 발전시켜왔다. 특히 지난 1994년 EU가 신아시아 전략을 발표한 이후 동아시아 지역의 전략적 중요성에 대해 인식하며 동 지역 국가들과의 관계를 강화하고자 노력하였다.[01] EU의 입장에서는 아시아 지역 국가들과의 협력관계를 발전시키는 것이 유럽 국가들의 국제적 영향력과 위상을 높이는 데 긴요하다고 인식하였던 것이다.

이런 이유로 EU는 아시아 지역에서도 전략적으로 중요성을 지니는 한국과의 정치 · 경제적 관계를 발전시키고자 다각적인 노력을 기울여왔다. EU는 지난 2006년 발표된 글로벌 유럽(Global Europe) 보고서를 통

01 European Commission(1994), "Towards an New Asia Strategy", Communication from the Commission to the Council, COM(1994) 314 final, Brussels, 13 July 1994; European Commission(2001), "EU and Asia: A Strategic Framework for Enhanced Partnership", Communication from the Commission to the Council, COM(2001) 469 final, Brussels, 4 September 2001.

해 한국이 보유한 잠재적 성장의 가능성을 감안하여 경제통상 관계를 강화할 필요성을 강조하며 한국과의 FTA 협상을 추진했다.

이후 한국과 EU의 관계는 2010년 개정된 '한-EU 기본협력협정'과 '한-EU 자유무역협정'의 두 협정을 기반으로 '전략적 동반자 관계'로 격상되었다. EU와 한국의 관계가 전략적 동반자 관계로 발전되었음은 시장경제, 자유무역, 민주주의 등 핵심가치를 공유하는 양자가 경제통상 관계에서도 상호 긴밀한 협력관계를 강화하였음을 시사한다. 결과적으로 한-EU 관계는 한편으로 국제사회의 보편적 가치를 공통가치로 지향하는 이른바 '가치에 기초한 전략적 동반자 관계'로 발전하였을 뿐 아니라 경제통상 분야에서도 자유무역협정(FTA)을 매개로 전략적 협력관계가 발전하게 되었음을 알 수 있다.

EU는 한-EU FTA 등을 통해 한-EU 경제통상 관계가 발전하는 과정에서 자유무역의 원칙과 가치를 추구하면서도 한국과의 교역관계에서 EU의 경제적 이해관계를 보호하려는 목표를 분명히 견지해왔다. 특히 한국과의 FTA가 아시아 지역에 대한 영향력 확대와 더 넓은 시장으로의 진출을 확대할 발판으로 삼으려는 전략 차원에서 추진되었던 측면을 주목할 필요가 있다. 결국 한국과의 경제통상 관계를 통해 EU의 이익을 추구함으로써 유럽 경제의 국제적 경쟁력을 강화하고 지속적 성장을 견인하며 대외적으로 정치 · 경제적 영향력을 증진하고자 도모하였음을 알 수 있다.

이러한 배경에서 이 장은 EU의 대한국 통상정책에 대해 고찰한다. 특히 지난 2011년 발효된 한-EU FTA 협상의 과정과 경제적 효과에 관해 서술하고, 최근 한-EU 통상 관계에 영향을 미치는 EU의 주요 통상정책적 변화와 그에 따라 예상되는 영향에 대해 살펴보며 평가하고자 한다.

2. 한-EU FTA 추진과 경제통상 협력관계의 발전

1) 한-EU FTA 추진의 배경

EU는 27개 회원국에 인구 5억 5천만여 명을 보유한 거대 경제권을 형성하고 있다. 유럽통합의 심화와 확대에 따라 EU가 세계경제에서 차지하는 위상이 높아지고 공동시장과 유로화 경제권 형성에 따른 국제정치 · 경제 관계에 있어서의 영향력이 확대되면서 EU와의 경제통상 관계를 더욱 긴밀하게 발전시킬 필요성이 존재해왔다.

그간 한국과 EU는 경제협력에 있어 상호 간에 중요한 의미를 지니는 파트너 관계를 발전시켜왔다. 2021년 기준으로 한-EU 교역액은 대EU 수출 636억 달러, 수입 659억 달러로 연간 무역 규모가 총 1,300억에 달하였다. 2021년 기준, EU의 입장에서 한국은 9대 상품 수출 시장이었고[02], 한국의 입장에서 EU는 4대 해외 수출시장에 해당하였다. 더욱이 EU는 2021년 한국에 대한 전체 외국인 직접투자(FDI)에서 43.6%를 차지하는 등 최대 투자 경제권이었고, 한국의 입장에서 EU는 아시아와 북미 지역에 이어 제3대 투자처라는 점에서 시사하는 바가 크다.

결과적으로 2021년 코로나 팬데믹 상황으로 전 세계 경제가 큰 충격을 받으며 글로벌 불확실성이 확산하던 상황에서도 한국과 EU 상호 간에 사상 최대의 교역과 투자 실적을 기록하는 등 양자 간 통상 관계가

---

02 European Commission(2022), "European Union, Trade in goods with South Korea", DG for Trade, https://webgate.ec.europa.eu/isdb_results/factsheets/country/details_south-korea_en.pdf.

지속해서 발전하는 성과를 거두었다는 점에서 의의가 크다. 이는 결국 한국과 EU는 서로 간에 주요 교역 대상국임과 동시에 주요 투자국으로서 긴밀한 상호 협력관계를 확대 · 강화하고자 적극적으로 노력해온 성과로 평가된다.

이처럼 한국과 EU는 한-EU FTA는 물론 다각적 협력관계 발전을 통해 양자 간 경제통상 관계를 심화 · 발전시키고자 적극적으로 노력해왔다. 우선 지난 2007년 한-EU FTA 협상이 시작된 이래 8차례의 협상을 거쳐 마침내 2010년 FTA 협정이 체결되었고 2011년 잠정 발효되었다. 이 과정에서 한국과 EU는 FTA 추진을 통해 양자 모두 긍정적 경제효과를 경험하며 후생을 높이는 윈-윈(win-win)의 결과가 도출될 것이라는 기대를 하고 있었다.

더 나아가 한-EU 경제협력은 FTA를 중심으로 무역 증진을 위한 협력관계에만 머무르지 않고 보다 폭넓은 범위에서의 경제적 협력을 강화하고자 적극적인 노력을 기울여왔다. 즉 과학기술협력, 경쟁협력, 관세협력, 환경협력 등과 같이 경제통상적 함의를 지니는 제 분야에서의 협력관계 발전을 위해 다각적인 노력을 기울여온 것이다.[03] 이러한 노력의 결과 한-EU 통상 관계는 상당히 폭넓은 분야에서의 상호 협력이 심화 · 발전해왔다.

이러한 배경에서 여기서는 한-EU FTA를 중심으로 한국과 EU의 경제통상 협력관계가 발전해온 과정, 주요 현안 및 그 성과에 대해 살펴보

03 한-EU 사이의 과학기술, 경쟁, 관세 등의 분야에서의 주요 협력 현황에 대해서는 다음을 참고할 것. 외교부(2020), 『EU개황』, 2020. 6, pp. 100-108.

고자 한다. 특히 한-EU FTA가 이른바 높은 수준의 포괄적 FTA로 추진되었고 한국과 EU 사이의 경제통상 관계를 폭넓게 자유화하며 한층 높은 수준으로의 협력관계로 발전했다는 점에서 이에 대한 이해는 매우 중요한 의미를 지니고 있다.

2) 한-EU FTA 추진 과정과 특징

전통적으로 EU는 다자교역 체제를 근간으로 한 자유무역 질서의 확대를 지지해왔다. 한편으로 EU는 이러한 기본 입장을 견지하면서도 오랜 기간 대외교역 관계에서 다양한 국가 혹은 지역들과 다양한 형태와 수준에서 특혜무역 관계를 발전시켜 왔음이 특징적이다.[04]

특히 EU는 역사적 · 지정학적 · 경제적으로 밀접한 관련이 있는 국가들을 중심으로 특혜무역협정에 기초한 교역 관계를 발전시켜왔다. 과거 유럽국가의 식민지였다가 신생 독립한 아프리카, 카리브해, 태평안 연안 국가(ACP) 대상의 특혜무역협정, 유럽연합에 참여하지 않은 노르웨이, 스위스 등 주변 유럽국가에 대한 특혜무역협정, 정치외교적 이해관계에 따라 러시아, 남아공 등 특정 국가들과 체결한 특혜무역협정 등이 대표적 사례이다.

이런 배경에서 2000년대 들어 WTO 다자협상으로 추진되었던 도하

04 Pascal Lamy(2002), "Stepping Stones or Stumbling Blocks?: The EU's Approach Towards the Problem of Multilateralism vs Regionalism in Trade Policy", World Economy, Vol. 25, pp. 1399-1413.

협상(DDA)이 지지부진해지면서 EU가 양자협상을 통해 무역 관계를 개선하고자 적극적으로 FTA 협상에 나서는 등 대외 교역에 관한 EU의 정책적 입장에 변화가 나타났다. FTA에 관한 EU의 정책적 입장의 변화는 2006년 12월 EU의 새로운 통상전략으로 발표된 "글로벌 유럽(Global Europe)" 보고서에 잘 반영되어 있다.[05]

EU는 동 보고서를 통해 글로벌화된 세계경제 환경에서 통상정책이 유럽 경제의 성장과 고용촉진에 기여할 수 있어야 하며, 이를 위해 주요 교역 대상국에 대해 시장 개방과 공정무역을 적극적으로 요구할 필요가 있다는 입장을 견지하였다. 이에 EU는 다자교역의 원칙을 훼손하지 않으며 WTO 규범 이상의 무역 자유화를 추구할 수 있도록 포괄적이면서도 높은 수준의 무역 자유화를 목표로 하는 FTA를 추진하겠다는 입장을 강조하였다.

당시 EU는 새롭게 FTA를 추진할 대상 국가로 우선 상대국 시장의 규모와 경제성장의 전망을 고려할 때 충분한 이해관계를 갖춘 국가이고, EU 주요 수출품에 대해 관세와 비관세 장벽 등 높은 수준의 보호무역 장벽이 존재하는 국가이며, 상대국이 EU의 주요 경쟁국과 FTA를 추진함에 따라 유럽시장이 영향을 받을 가능성이 있는 국가여야 한다는 원칙을 밝힌 바 있다.

이러한 FTA 협상 추진의 기준을 기초로 EU는 한국을 최우선 FTA 협상 대상국 중 하나로 고려하였다. 즉 한국은 EU의 입장에서 거대한 시

05 |European Commission(2006), "Global Europe: Competing in the world, A Contribution to the EU's Growth and Jobs Strategy", Commission Staff Working Document, Brussels, SEC(2006) 1230, 4 October 2006.

장 잠재력을 가진 교역 상대국이지만, 상대적으로 높은 수준의 관세와 비관세 무역장벽으로 인해 시장 접근에 제약이 있으며, EU의 대표적 무역 경쟁국가인 미국과 FTA 협상이 추진되고 있어 향후 유럽 경제가 무역 전환 효과로 인한 부정적 영향을 받을 가능성이 존재한다고 보았다. 이에 EU는 한국 시장에 존재하는 관세 및 비관세 무역장벽을 철폐 또는 완화함으로써 시장 접근을 개선하고자 한국과의 FTA를 추진하였다.

앞서 서술한 바와 같이 EU의 FTA 정책은 추진 방식에 있어 높은 수준의 포괄적 FTA를 추진했다는 점에서 특징적이다. EU의 '글로벌 유럽' 통상전략이 상품과 서비스 교역 등 폭넓은 분야를 협상의 대상으로 하여 관세 및 비관세 장벽의 철폐와 완화를 추구함으로써 주요 교역 상대국에 대해 높은 수준의 무역 자유화와 시장 접근 개선을 도모하였다.

더욱이 FTA를 통해 국제교역에 존재하는 무역장벽을 완화함으로써 자원 배분의 효율성을 증대시키고 취약한 산업의 구조조정을 촉진하여 산업의 국제 경쟁력을 높이고 경제성장을 유발하는 등의 긍정적 파급효과를 낳을 것이라는 기대감이 있었다. 결과적으로 한-EU FTA는 양자 모두에게 상당한 경제적 이익을 부여하며 성장의 새로운 기회를 제공할 뿐 아니라 세계 교역의 자유화 진전에도 긍정적으로 기여하는 중요한 기회가 될 것이라 기대했던 것이다.[06]

이에 한-EU FTA가 추진되던 당시 한국과 EU 양자 모두 상호 간 시

06 한국 정부 역시 한-EU FTA가 타결될 경우 한국 기업의 EU 시장 진출이 확대되고, FTA 관세 혜택으로 무역 규모가 증가하며 소비자 후생이 증가하고, 외국인 투자가 촉진되어 우리 경제의 성장 잠재력이 제고되며, 궁극적으로 경제 시스템의 투명성, 신뢰성, 개방성이 제고되는 등의 긍정적 효과가 발생할 것이라 기대하였다.

〈표 4-1〉 한-EU FTA 추진 일지

2003년	정부, EU를 중장기 FTA 추진 대상국으로 선정
2006년 5월 15일	한-EU 통상장관회의(필리핀), 양측 간 예비 협의 개최 합의
2006년 7월 19일	한-EU FTA 1차 예비 협의(브뤼셀)
2006년 9월 26~27일	한-EU FTA 2차 예비 협의(브뤼셀)
2006년 11월 24일	한-EU FTA 공청회 개최, 일반 국민 및 이해당사자 의견 수렴
2006년 12월 6일	FTA 민간자문회의 개최, 업계 및 학계 등 민간 전문가 의견 수렴
2007년 1월 26일	한-EU 통상장관회담
2007년 4월 9일	FTA 추진위원회 개최, 한-EU FTA 추진방안 협의
2007년 5월 1일	대외경제장관회의 개최, 한-EU FTA 협상 출범 승인
2007년 5월 6일	한-EU FTA 협상 공식 출범 선언
2007년 5월 7~11일	한-EU FTA 제1차 협상(서울)
2007년 7월 16~20일	한-EU FTA 제2차 협상(브뤼셀)
2007년 9월 17~21일	한-EU FTA 제3차 협상(브뤼셀)
2007년 10월 15~19일	한-EU FTA 제4차 협상(서울)
2007년 11월 19~23일	한-EU FTA 제5차 협상(브뤼셀)
2008년 1월 28일~2월 1일	한-EU FTA 제6차 협상(서울)
2008년 5월 12~15일	한-EU FTA 제7차 협상(브뤼셀)
2009년 3월 12~24일	한-EU FTA 제8차 협상(서울)
2009년 5월 23일	한-EU FTA 조기 타결 합의
2009년 7월 13일	한-EU 정상, 한-EU FTA 타결 선언(스톡홀름)
2009년 10월 15일	한-EU FTA 가서명(브뤼셀)
2010년 8월 16일	국무회의, 한-EU FTA 협정문 의결
2010년 10월 6일	한-EU FTA 정식서명
2011년 2월 7일	한-EU FTA 동의안 유럽의회 상임위 통과
2011년 2월 17일	한-EU FTA 동의안 유럽회의 본회의 통과
2011년 4월 28일	한-EU FTA 비준동의안 국회 외교통상통일위원회 통과
2011년 5월 4일	한-EU FTA 비준동의안 국회 본회의 통과
2011년 7월 1일	한-EU FTA 잠정 발효
2011년 10월 12일	한-EU FTA 제1차 한-EU 무역위원회 개최
2012년 9월 25일	제1차 한-EU FTA 상품무역위원회 개최(브뤼셀)
2012년 9월 26일	제1차 한-EU FTA 한반도역외가공지역위원회 개최(브뤼셀)
2012년 10월 16일	제2차 한-EU FTA 무역위원회 개최(브뤼셀)
2013년 9월 12일	제2차 한-EU FTA 상품무역위원회 개최(과천)

2013년 9월 13일	제2차 한-EU FTA 한반도역외가공지역위원회 개최(과천)
2013년 10월 15일	제3차 한-EU FTA 무역위원회 개최(서울)
2014년 5월 26일	크로아티아의 한-EU FTA 잠정발효
2014년 9월 16일	제3차 한-EU FTA 상품무역위원회 개최(브뤼셀)
2014년 9월 17일	제3차 한-EU FTA 한반도역외가공지역위원회 개최(브뤼셀)
2014년 10월 16일	제4차 한-EU FTA 무역위원회 개최(브뤼셀)
2015년 9월 7일	제4차 한-EU FTA 한반도역외가공지역위원회 개최(서울)
2015년 12월 13일	한-EU FTA 전체 발효
2016년 6월 21~22일	한-EU 자동차 및 부품 작업반, 의약품 및 의료기기 작업반(브뤼셀)
2016년 11월 15~16일	한-EU 상품무역위원회, 무역구제 협력 작업반(브뤼셀)
2016년 12월 16일	제6차 한-EU FTA 무역위원회(브뤼셀)
2017년 6월 12~14일	한-EU FTA 이행위원회 개최(서울)
2018년 1월 19일	제7차 한-EU FTA 무역위원회(브뤼셀)
2018년 12월 4~7일	한-EU FTA 이행위원회 개최(브뤼셀)
2020년 2월 4~7일	한-EU FTA 이행위원회 개최(서울)

자료: 외교부.

장 개방 확대에 따라 긍정적 · 경제적 파급효과를 경험할 수 있으리라는 전망이 제시되었다. 일례로 한국은 한-EU FTA 체결에 따라 한국의 GDP가 단기적으로 2.02%, 장기적으로 3.08%만큼 증가할 것이고, 1인당 국민소득도 단기적으로 2.16%, 장기적으로 2.96%만큼 증가할 것이라는 전망이 있었다.[07] 마찬가지로 EU 역시 한-EU FTA에 따라 한국에 대한 상품 수출은 47.8% 증가하고 서비스 분야 수출 역시 22% 증가할

07 김흥종(2006), "한-EU FTA의 경제적 효과와 분야별 현안", 외교통상부 주최 『한-EU FTA 공청회』 자료집, 2006년 11월 24일, p. 50.

것이라는 전망이 제시되기도 하였다.[08] 결과적으로 한국과 EU 양자 모두 상품 교역에 대한 관세 인하와 더불어 서비스 무역과 투자 등에 관한 비관세 장벽 완화로 생산, 소득, 고용 등에 있어 긍정적 경제 효과가 발생할 것이라는 기대가 존재하였음을 알 수 있다.

이런 맥락에서 EU는 2007년 개시된 한-EU FTA 협상을 통해 한국 측의 관세 인하는 물론 교역에 영향을 미치는 다양한 비관세 장벽의 철폐와 국내 경제 관련 제도의 개선을 요구하였다. 협상 과정에서 EU는 상품에 대한 관세 완화뿐 아니라 특히 자동차, 화장품, 의약품 같은 산업 분야에서의 비관세 무역장벽 철폐와 지식재산권 보호, 통신, 금융, 법률, 유통 등의 서비스 시장 개방 확대에 큰 관심을 보였다. 이후 계속된 일련의 협상 과정을 거쳐 마침내 2009년 양자 간 FTA 협상이 타결되고 2011년 7월 1일 발효되었다.

3) 한-EU FTA의 주요 성과

2021년 한-EU FTA 발효 10주년을 맞아 양자 간 무역 자유화의 효과와 경제협력의 성과를 분석하려는 다각적인 시도가 있었다. 특히 EU의 입장에서 한-EU FTA가 아시아 국가와 체결한 최초의 자유무역협정이었다는 점에서 10년간 경제협력의 성과에 관한 관심이 높았다.

---

08 Copenhagen Economics(2007), Economic Impact of a Potential Free Trade Agreement(FTA) between European Union and South Korea, 2007. 3.

한-EU FTA 발효에 따라 양자 간 공산물에 대한 관세가 철폐되었고, 농산물에 대해서는 EU의 98.1% 품목의 관세와 한국의 85.7% 품목의 관세가 철폐되었다. 비관세 무역장벽의 측면에서도 다양한 산업 분야에 대한 인증 절차가 간소화되거나 자동차 등 기술표준의 상호 인정, 지리적 표시(GI)를 포함한 지식재산권 보호 강화 등 다양한 조치에 관한 합의를 이행해왔다.

이미 서술한 바와 같이 한-EU FTA가 체결되면 거시경제 측면에서 양자 모두 GDP 증가와 고용창출 효과 등의 긍정적 효과를 경험할 수 있을 것으로 기대되었다, 특히 한국과 EU가 경제구조상 상호 보완관계에 있으므로 서로가 이익을 얻는 경제적 협력관계로의 발전이 가능하리라 기대한 것이 사실이다.

이러한 배경에서 EU는 한-EU FTA가 유럽 기업들의 한국 시장에 대한 접근성을 높이고 투자 기회를 확보하는 데 중요하게 활용되었다고 보았다. 마리아 카스티요 페르난데스 주한 EU 대사는 한-EU FTA 발효 10주년의 결과로 한-EU 양자 간 교역 규모가 약 900억 유로로 46% 성장했다는 점을 주요 성과로 평가하였다.[09] FTA 발효 이전 유럽산 수입품에 부과되는 한국의 관세율이 평균 8%였지만 10년이 지나 0.5% 미만으로 낮아지면서 한국으로 수입되는 유럽산 제품에 대한 관세 철폐 및 인하 효과에 따라 EU의 대한국 수출이 크게 증가할 수 있었다고 보았다. 더욱이 비관세 장벽 완화의 효과로 전기전자, 의약품, 의료기기, 자

09 꼬레아페르(2021), "한-EU FTA 발효 10주년 기념: 마리아 카스티요 페르난데즈 주한 EU 대사 인터뷰", 꼬리아페르 110호, 2021. 7. 1.

동차 등 산업 부문에서 한국 시장에 대한 진출을 확대할 수 있었다고 평가하였다.

한국의 입장에서도 한-EU FTA 체결에 따라 경쟁국보다 빠르게 EU 시장을 선점하는 등 긍정적 효과를 거두었다고 평가되었다. 무역협회의 보고서에 따르면 한-EU FTA 발효 이후 10년 동안 양자 간 상품 및 서비스 무역과 투자가 증진되었을 뿐 아니라 한국 제품의 국제 경쟁력이 높아지는 등의 성과가 있었다고 분석되었다.[10] 특히 EU의 수입 관세가 철폐되면서 자동차, 배터리, 화학제품, 일부 농수산식품 등의 분야에서 한국이 수혜를 입은 것으로 나타났다.

그런데 10년간의 한-EU 상품무역 동향을 살펴보면 양자 간 상품무역은 연평균 1.9% 증가한 것으로 조사되었는데, 한국의 대EU 수출은 큰 변화가 없었던 반면 EU의 대한국 수출은 상당폭 증가한 것으로 나타났다.[11] 이는 2011~2012년 유럽 재정위기에 따른 EU 시장의 수요 부진, 자동차, 무선통신기기, 컬러 TV 등 한국의 주력 수출품의 생산기지가 중국, 베트남 등으로 해외 이전한 영향, 그리고 EU의 철강 세이프가드와 같은 보호무역 조치에 따라 한국의 대EU 수출이 정체된 것으로 분석되었다.

반면 같은 기간 EU의 대한국 수출이 크게 증가한 이유는 한국 국내 시장에서 승용차, 가방, 귀금속 등 유럽산 고급 소비재에 대한 소비자 선호가 상승하고, 소재와 부품 기계 등에 대한 수입 대체효과가 나타났으며,

10 한국무역협회 통상지원센터(2011). "한-EU FTA 10주년 성과와 시사점", 『KITA 통상리포트』, Vol. 14.

11 Ibid., pp. 3-6.

〈그림 4-1〉 한-EU 상품 · 서비스 무역 동향

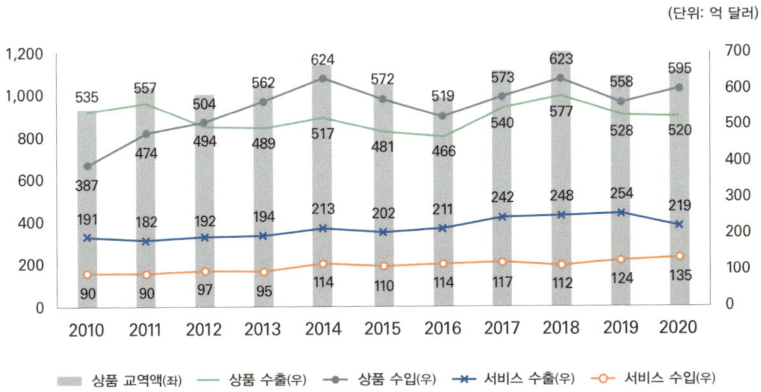

자료: 한국무역협회, 한국은행(한국무역협회, 2021, p. 1에서 재인용).

영국산 브렌트유 수입이 증가하는 등의 요인에 따른 것으로 나타났다.

투자의 측면에서는 한-EU FTA 발효 이후 10년간 한국의 대EU 직접투자가 연평균 4.2% 증가했다. EU의 대한국 직접투자도 연평균 4.0% 증가하였고, EU 내 신규 법인 수도 계속 증가하는 등 양자 간 투자가 증진되는 성과가 있었던 것으로 나타났다.

더욱이 한-EU FTA가 이른바 '높은 수준의 포괄적 FTA'로서 관세 철폐를 통한 무역 자유화의 범주를 넘어 노동, 환경, 지속 가능한 개발 등 무역 관련 다양한 이슈를 포함하였다는 점은 중요한 의미를 지니는 변화였다. 뒤에 더 자세히 서술하겠지만, '무역과 지속 가능한 발전' 챕터를 통해 환경 및 노동과 관련한 이행 규정을 마련하여 국제노동기준과 규범에 부합하도록 한국의 노동 관련 국내법의 개정을 권고하였던 점은 전통적 무역협정과 분명한 차별성을 보이는 측면이었다.

여기서 주목할 점은 한-EU FTA가 EU 입장에서 지속 가능한 발전의

〈그림 4-2〉 한-EU 투자 · 신규 법인 설립 현황(단위: 억 달러, 개사)

구분	2010	2011	2012	2013	2014	2015	2016	2017	2018	2019	2020
EU→한국	32.0	51.9	27.3	48.0	65.0	24.9	74.0	70.3	89.2	71.3	47.2
한국→EU	58.3	37.8	37.2	37.7	34.3	24.3	35.9	57.7	101.0	115.0	87.6
대EU 신규 법인 설립	140	126	113	127	141	145	167	219	263	299	203

자료: 한국무역협회, 한국은행(한국무역협회, 2021, p 1에서 재인용).

개념을 반영한 첫 자유무역협정이었을 뿐 아니라 준수 의무가 실제로 적용, 이행된 최초의 FTA 사례가 되었다는 점이다. 결국 한-EU FTA는 환경, 노동, 인권보호 등에 관한 사회적 가치와 규범을 대외무역 관계에서의 핵심 요소로 반영하려는 EU 통상정책의 변화와 발전 경향이 발견된 중요한 사례임을 알 수 있다.

결과적으로 한-EU FTA를 통해 한국과 EU 양자 모두 관세 절감에 따른 혜택을 경험하였다. 한국은 대EU 수출을 통한 유럽시장 진출의 성과가 제한적이었던 반면 EU의 대한국 수출은 상당 수준 증가하였던 것을 알 수 있다. 한국과 EU 간의 통상 관계에서 발견되는 이러한 변화는 한-EU FTA 이외에도 한국 및 EU 지역에서의 소비 트렌드 변화, 한국 수출 주력 산업의 생산기지 해외 이전 확대, 유럽의 재정위기에 따른 수요 위축 등이 복합적으로 영향을 미친 결과 나타난 것이라는 점을 인식할 필요가 있다.

이러한 점을 감안하더라도 한-EU FTA 발효 후 10년 동안 상품의 관세가 철폐됨에 따라 양자 간 상품 및 서비스 무역과 투자가 증진되는 데 상당히 기여한 것으로 평가된다. 따라서 EU는 한-EU FTA에 대해 과거의 무역협정과 비교하여 진일보한 협정으로 한국과 EU 상호 간 시장 접근성을 높이고 투자 기회를 확보하는 데 효율적 · 효과적이었다고 할 수 있다.[12]

3. EU 신통상정책과 한국에 대한 정책적 함의

1) EU의 신통상정책과 통상전략의 변화

지난 2021년 EU는 국제통상환경의 빠른 변화에 대응하고자 중장기 계획 차원으로 "개방적이고 지속 가능한 적극적 무역정책(An Open, Sustainable and Assertive Trade Policy)" 제하의 신통상정책을 발표했다.[13] 이는 EU가 지난 2006년 중기 통상전략으로 발표하였던 글로벌 유럽(Global Europe), 2010년 발표하였던 '무역, 성장 그리고 국제문제(Trade, Growth and

---

12 Delegation of the European Union to the Republic of Korea, "The Republic of Korea and the EU", 2016. 5. 10, https://eeas.europa.eu/delegations/south-korea/8789/south-korea-and-eu_en#Economic+and+Trade+Relations+with+the+EU.

13 European Commission(2021), "Trade Policy Review: An Open, Sustainable and Assertive Trade Policy", Luxemburg, Publications Office of the European Union; European Commission(2021), "Communication from the Commission to the European Parliament, the Council, the European Economic and Social Committee and the Committee of the Regions: Trade Policy Review-An Open, Sustainable and Assertive Trade Policy", COM(2021) 66, 18. 2. 2021.

World Affairs)', 2015년 발표하였던 '모두를 위한 무역(Trade for All)'에 이어 발표된 네 번째 통상정책이다.

2021년 발표된 EU의 신통상정책에서 가장 핵심적인 개념은 '개방형 전략적 자율성(Open Strategic Autonomy)'이다. 애초 '개방형 전략적 자율성'의 개념은 외교안보 분야의 주요 정책 개념으로 제시되었고, 신산업정책 차원에서도 동일한 개념이 산업 분야의 정책 개념으로 제시되면서 전략 산업의 해외 의존을 줄이고 역내 생산을 확대해 자체 공급망 구축을 강화하겠다는 계획을 추진하기에 이른다. 이런 배경에서 신통상정책 역시 마찬가지로 동일한 정책 목표하에서 급변하는 글로벌 통상환경에 적극적으로 대응하며 회원국의 이익을 보호하고자 추진되었다는 점에 주목할 필요가 있다.

결국 '개방형 전략적 자율성' 개념에 기초한 신통상정책은 EU가 한편으로는 개방형(open)의 개념을 통해 다자주의적 개방 경제를 추구하는 기본 입장을 견지하면서도, 동시에 전략적 자율성(strategic autonomy)의 개념을 통해 역내 전략산업의 공급망 재편을 추진하며 산업 분야의 대외 의존도를 낮추어 대외통상 관계에서 회원국의 이익을 적극적으로 보호하려는 계획을 추구하는 정책적 의도가 반영되어 있다.

또한 EU의 신통상정책은 '지속 가능(sustainable)'의 측면을 중시하며 녹색 전환 지원과 디지털 전환 지원에 정책적 우선순위를 부여하고 있다. EU는 대외통상 관계에서 환경, 노동, 인권보호 등 보편적 가치를 수호하는 것이 EU 통상정책의 핵심 요소로서 중요한 의미를 지닌다고 보았다. 역외국과의 교역에 있어 이들 핵심적 가치를 잘 준수하는 것이 지속 가능하고 책임 있는 국제교역 관행의 확립과 EU 이익 보호와 경쟁력 강화의 측면에서 중요한 기여를 할 것이라 보았기 때문이다.

더 나아가 EU의 신통상정책은 불공정 무역관행으로부터 EU의 이익을 보호하겠다는 차원에서 적극적(assertive) 무역정책으로서의 특징을 지닌다. EU 신통상정책은 회원국이 역외국과의 교역에서 상대의 불공정 무역행위로 인해 불이익을 경험하고 있다고 판단될 경우 역내 기업을 보호하고자 적극적인 대응조치를 마련하겠다는 정책적 의지를 밝히고 있다. 이에 EU는 역외국의 불공정 무역이 발견될 경우 이에 적극 대응하고자 무역구제조치 및 경쟁왜곡 차단을 위한 정책조치를 적극적으로 추진하는 변화가 나타난다.

이상의 특성을 지닌 EU 신통상정책이 추진됨에 따라 통상전략의 변화가 향후 한국의 경제와 산업에 미치는 영향은 상당할 것으로 전망된다. 실제로 EU 신통상정책의 추진과 더불어 기존과 차별화되는 새로운 무역정책 조치와 규제들이 발표되면서 한-EU 경제통상 관계 전반에 걸쳐 다각적으로 영향을 미칠 가능성이 높다. 특히 EU 차원에서 녹색 전환과 디지털 전환이 추진되면서 역내적으로 친환경 및 디지털 융합 분야를 중심으로 유럽의 산업재편이 가속화될 것으로 전망되므로, 대외통상 관계에서도 EU 차원에서 추진되는 관련 정책조치와 규제들이 미칠 영향에 적극적으로 대응할 필요성이 제기되고 있다.

이처럼 최근 신통상정책의 '지속 가능성'이 EU의 기본 정책 방향이자 대외통상 관계에서 우선 추구하려는 핵심 가치로서의 중요성이 커지는 현실이 정책적으로 시사하는 바는 크다. 따라서 향후 '지속 가능성'의 측면에서 국내 산업이 상당한 영향을 받을 것으로 주목받고 있는 탄소국경조정제도, 기업지배구조 및 공급망 실사 의무화 조치 등 최근 EU에 의해 추진되는 정책 조치와 규제의 주요 사례들에 대해 살펴보고자 한다.

2) 개방형 전략적 자율성과 한국에 대한 정책적 함의

EU 신산업정책과 신통상정책의 연계

EU 신통상정책의 핵심 개념에 해당하는 '개방형 전략적 자율성' 개념은 EU의 신산업정책과 연계성이 높다. 특히 코로나19 확산과 미 · 중 갈등 심화에 따라 글로벌 공급망 위기 상황을 경험하였기에 신산업전략 차원에서 EU 전략산업의 자체 공급망을 구축하며 유럽 산업의 국제 경쟁력을 강화할 필요성이 제기되었다. 같은 맥락에서 EU는 대외통상 관계에서도 EU의 산업 자주성 확보와 안정적 공급망 확보를 위해 통상정책 조치들을 적극적으로 활용하며 EU 산업의 이익을 보호하고자 노력했다.

EU 집행위원회는 2021년 5월 "신산업전략 재편안"을 발표하며 유럽의 경제회복과 산업구조, 공급망 재편을 추구하고자 주요 추진과제를 설정하였다. 동 보고서는 단일시장 기능회복, 개방형 전략적 자율성 확보, 녹색 및 디지털 전환 가속화를 위해 EU 차원의 적극적 역할이 요구된다고 제안하였다.[14] 이 가운데 개방형 전략적 자율성 확보를 위해서는 전략산업과 고부가가치 산업의 대외의존도를 낮출 수 있도록 민관협력을 강화하고 공급망 다변화 등을 위한 정책적 노력이 필요하다는 점을 강조하고 있다. EU는 특히 원자재, 원료의약품, 배터리, 수소, 반도체, 클라우드 및 엣지 컴퓨팅 등을 전략산업 분야로 고려하며, 이들 산업 분야를 중심으로 역내 생산역량을 확충함으로써 전략산업의 자주성 확보와 안정적 공급망 확보를 추구하고자 하였다.[15]

실제로 EU의 전체 수입 중 60%가 가공재로 해외 수입에 대한 의존도가 높은 상황에 있다. 이에 따라 EU가 코로나19 확산 등으로 주요 수요 물자 수급에 큰 어려움을 경험한 이후부터는 역내 공급망의 취약성을 극복하고자 다양한 정책과제를 추진하였다. 예를 들어 EU의 신산업전략 재편안은 '역외 보조금 규제 법안 채택', '역외 전략 의존 현황 및 위험성 평가 정기적 실시', '전략 의존 개선을 위한 국제협력 모색', '반도체 기술과 프로세서, 산업 데이터, 엣지 클라우드 등에서의 협력체 추진', '중소기업 공급망 체계 강화', '유럽 표준화 전략 채택', '전략 의존성을 고려한 공공조달 가이드라인 마련' 등의 7개 주요 추진과제를 제시한 바 있다.

EU의 개방형 전략적 자율성 개념에 기초한 신산업정책과 신통상정책

14 European Commission(2021), "Updating the 2020 New Industrial Strategy: Building a stronger Single Market for Europe's recovery", Communication from the Commission to the European Parliament, the Council, the European Economic and Social Committee and the Committee of the Regions, COM(2021) 350 final, Brussels, 5 May 2021.

15 European Commission(2021), "Strategic Dependencies and Capacities", Commission Staff Working Document, SWD(2021) 352 final, Brussels, 5 May 2021.

〈표 4-2〉 EU 신산업전략 개편안 주요 추진 과제: 개방형 전략적 자율성 확보

주요 추진 과제	경과
역외 보조금 규제 법안 채택	2021년 5월
역외 전략 의존 현황 및 위험성 평가 정기적 실시	2021년 개시
전략 의존 개선을 위한 국제협력 모색	2021년 개시
반도체 기술과 프로세서, 산업 데이터, 엣지 클라우드 등에서의 협력체 추진	2021년 2분기
중소기업 공급망 체계 강화	2021년 4분기
유럽 표준화 전략 채택	2021년 3분기
전략 의존성을 고려한 공공조달 가이드라인 마련	2022년 1분기

자료: EU 집행위원회(2021), p. 15.

의 추진에 따라 주요 교역 대상국인 한국 역시 상당한 영향을 받을 것으로 예상된다. 특히 EU 회원국 기업의 리쇼어링(Reshoring, 기업이 해외로 진출했다가 다시 본국으로 돌아오는 것)이 촉진되면서 글로벌 공급망이 변화되는 등 EU 대외경제 관계에서 유럽 우선주의의 경향이 심화될 것으로 전망됨에 따라 유럽 산업의 구조적 변화와 더불어 역외 통상 관계에서 보호무역주의 노선이 강화될 가능성이 높다. 따라서 대외통상 관계에서 EU의 전략적 이익 보호를 위한 전략적 자율성의 추구는 EU 산업 및 통상 관련 법안, 정책 규제 등에 상당한 변화를 유발할 것으로 예상되는 만큼 관련 변화 움직임에 예의 주시하고 그 영향을 면밀히 파악하며 체계적인 대응 방안 마련을 위해 노력해야 할 것이다.

외국인 직접투자 사전심사 제도(FDI Screening Regulation)

최근 주요 선진국들은 외국인 직접투자(FDI)를 통해 전략자산이나 기

술이 해외로 유출될 수 있다는 우려에 따라 외국인 투자에 관한 사전심사를 강화해왔다.[16] EU 역시 2019년 제정되고 2020년 10월 발효되었던 EU 외국인 투자 심사 규정[17]에 근거하여 유럽의 안보 및 공공질서에 영향을 미칠 수 있는 핵심 인프라 시설[18], 핵심 기술[19] 등에 관련한 외국인 투자에 대한 사전심사 제도를 강화해왔다.

특히 EU 집행위원회는 2020년에 코로나19 확산에 따른 경제침체로 기업의 자산가치가 하락하면서 전략적 가치를 가지는 유럽의 주요 기업이나 전략자산 및 핵심 기술이 해외로 유출될 수 있다는 위험에 대응하고자 노력하였다. 이에 FDI에 대한 사전심사에 관한 가이드라인을 발표하는 등 제도적 장치를 강화해온 것이다.[20]

사실 최근에 미국과 EU가 외국인 직접투자에 대한 규제를 강화한 것은 중국의 적극적인 해외투자 확대에 따라 주요 전략자산과 첨단기술이 유출될 가능성을 우려했으며, 특히 중국을 견제하고자 했던 배경에서 기인했다고 보인다. 같은 맥락에서 EU의 외국인 직접투자 사전심사 제도 역시 주로 중국의 전방위적 투자로부터 유럽의 안보와 공공질서를 보호

16 오태현 외(2020), "코로나19 위기 속 주요국의 외국인투자 심사 강화와 시사점", 『KIEP 오늘의 세계경제』, Vol. 20, No. 15.

17 European Union(2019), Regulation(EU) 2019/452 of the European Parliament and of the Council of 19 March 2019 establishing a framework for the screening of foreign direct investments into the Union, Official Journal of the European Union, LI 79/1.

18 외국인 투자 심사대상에 해당하는 '핵심 인프라 시설'에는 에너지, 교통, 수자원, 보건, 통신, 데이터 저장, 우주산업, 국방, 금융 시스템, 관련 부동산 등이 포함된다.

19 외국인 투자 심사대상에 해당하는 '핵심 기술'에는 인공지능, 로보틱스, 반도체 기술, 사이버 보안, 우주 및 원자력 기술, 나노 기술 및 바이오 기술 등이 있다.

20 European Commission(2020), Guidance to the Member States concerning foreign direct investment and free movement of capital from third countries, and the protection of Europe's strategic assets, ahead of the application of Regulation(EU) 2019/452(FDI Screening Regulation), C(2020) 1981 final.

하고자 EU 집행위원회가 외국인 투자에 대해 자체적으로 심사 · 규제할 수 있는 법적 권한을 강화한 것이라 볼 수 있다.

하지만 외국인 직접투자 사전심사 제도 강화에 따라 글로벌 보호주의가 강화될 위험성에 대한 우려 역시 커지는 상황이다. 향후 외국인 투자에 의한 국가 안보 위협이나 기술 탈취에 관한 우려에 따라 유럽 지역에서 한국 기업의 자유로운 투자 활동이 침해받을 수 있다는 점에서 동 제도가 한국의 대EU 투자에 대해 보호주의적 성격의 규제로 작용할 가능성에 대비할 필요가 있다.

이에 우리나라에서도 특히 전략적으로 중요한 의미를 지니는 미래 신성장산업 분야에서 외국인 투자에 대한 규제 강화로 이어질 가능성이 크다는 점에서 EU의 관련 제도 변화에 대한 면밀한 검토와 대응방안의 마련이 요구되고 있다.

3) 지속 가능성(Sustainability)과 한국에 대한 정책적 함의

탄소국경조정제도(Carbon Border Adjustment Mechanism: CBAM)

EU가 추진하는 탄소국경조정제도(CBAM)는 탄소배출 규제가 약한 국가로부터 수입되는 상품에 대해 비용을 부과하려는 제도로, 결국 온실가스 배출에 대한 국가 간 감축 의욕 차이를 보정하는 무역 제한조치를 의

미한다.[21] EU의 입장에서는 기후변화를 완화하며 탄소중립을 실현하겠다는 정책적 목표를 추구하는 동시에 역외 교역 관계에서 높은 환경기준을 따르는 유럽의 기업들을 보호하겠다는 목적에서 추진되는 환경규제이다. 관련 법안은 2023년부터 2025년까지 전환기를 거쳐 2026년부터 EU로 수입되는 시멘트, 전기, 비료, 알루미늄 등 고탄소 제품을 생산할 때 직접 발생하는 탄소배출량에 따라 비용을 부과하겠다는 것이다.

EU의 탄소국경조정제도 계획에 따르면 EU 수입업자는 EU 탄소가격 규칙에 따라 탄소가격에 상응하는 CBAM 인증서를 구입하여 행정당국에 제출해야만 한다. 그 결과 한국과 같이 제조업 비중이 높아 탄소배출량이 상당한 역외국 기업의 입장에서는 실제로 환경부담금 부과가 실현될 경우 수출품에 대한 관세가 인상되는 것과 동일한 효과가 발생한다는 우려가 제기되고 있다.

이는 한편으로 EU가 탄소배출 방지를 통해 친환경 생산을 장려하며 기후변화에 적극적으로 대응하겠다는 정책적 의지에 따라 추진해온 제도이지만, 다른 한편 탄소배출 규제가 덜한 역외국에서의 과대 탄소배출을 규제하겠다는 제도로서의 특징을 지닌다. 결국 역내로 수입되는 외국산 고탄소 제품에 대해 별도의 비용을 부과함으로써 이른바 '불공정 경쟁'을 개선하며 EU 역내 산업을 보호하고 산업 경쟁력을 강화하려는 새로운 형태의 무역장벽으로 작용할 가능성이 높다는 점에 대한 비판적 인식이 존재한다.

21 European Commission(2021), "Proposal for a Regulation of the European Parliament and of the Council Establishing a Carbon Border Adjustment Mechanism", COM(2021) 564 final, Brussels, 14. 7. 2021.

현재의 계획에 따르면 한국의 대EU 주요 수출품목에 해당하는 철강과 알루미늄의 경우 상당한 영향을 받을 것으로 예상되지만 향후 이 제도에 영향받는 적용 대상은 점차 확대될 것으로 예상된다. 결과적으로 한국의 입장에서 EU의 탄소국경조정제도는 한-유럽 통상 관계에 심대한 영향을 미치는 환경규제로 적용될 가능성이 높다. 따라서 향후 EU 시장에 진출하려는 수출기업들에게 추가적인 행정비용이 들어 과도한 부담 요인으로 작용할 가능성에 적절히 대비할 필요가 있다.

이러한 EU의 탄소국경조정제도에 따라 향후 철강 등 고탄소 제품을 수출하는 국내 기업들은 산업적으로 탄소배출을 측정 · 관리할 체계를 구축하고 대체 에너지 사용 확대를 위해 노력하는 등 체계적으로 준비할 필요가 있다. 이와 동시에 향후 EU의 관련 정책과 제도에 관한 논의 전개 과정을 면밀히 점검하며 효과적인 대응방안을 마련하고자 다각적으로 노력하여야 할 것이다.

기업 지배구조 및 공급망 실사 의무화 법안

EU는 대외통상 관계에서 '지속 가능성'을 핵심 가치로 인식하며 무역 관련 정책과 조치에 지속 가능성 관련 가치와 규범을 반영하고자 노력하고 있다. 이런 배경에서 EU가 추진하고 있는 '기업 지배구조 및 공급망 실사(Due Diligence) 의무화' 법안은 환경, 인권을 보호하고 지속 가능한 성장을 도모하려는 취지에서 기업의 전 공급망 내에 환경, 인권, 노동권, 거버넌스 등에 관한 위반사항이 있는지를 확인하며 개선 의무를 부여하

〈표 4-3〉 EU 공급망 실사지침 적용 대상

EU 기업 여부	기업 규모	고용인원 및 매출액 기준(해당 조건 동시 충족 시 적용)	예상 기업 수
EU 기업 (EU 회원국 법률에 의거 설립)	대기업 (Group 1)	· 고용인 500명 초과 · 전년도 회계연도 기준 전 세계 순매출액 1.5억 유로 초과	9,400개
	중견기업 (Group 2)	· 고용인 251~500명 · 전년도 회계연도 기준 전 세계 순매출액 4천만(초과)~1.5유로 · 순매출액의 50% 이상이 고위험 산업군에서 발생	3,400개
제3국 기업 (제3국 법률에 의거 설립)	대기업 (Group 1)	· 근로자 수 기준 미적용 · 지지난해 회계연도 기준 EU 전체 순매출액 1.5억 유로 초과	2,600개
	중견기업 (Group 2)	· 근로자 수 기준 미적용 · 지지난해 회계연도 기준 EU 전체 순매출액 4천만(초과)~1.5억 유로 · 순매출액의 50% 이상이 고위험 산업군에서 발생	1,400개

자료: 한국무역협회 브뤼셀지부(2022).

겠다는 정책이다.[22] 개선 의무를 준수하지 않는 기업과 기업인에 대해서는 벌금, 피해보상 등의 제재 조치를 취하겠다는 것이다.

이는 한편으로 지속 가능성 관련 가치와 규범을 이미 준수하고 있는 EU 역내 기업들이 역외국 기업과의 경쟁에서 역차별을 받지 않도록 보호하려는 조치로도 이해된다. EU 역내 기업들에 대해서는 이미 ESG 정보공개 의무를 부과하고 있기에 유럽시장에서 기업활동을 하려는 외국기업에게도 동일한 의무를 부과하겠다는 것이다. 이에 EU 시장으로 진출하는 기업에 대해 협력업체, 하도급업체 등을 포함한 공급망 전 과정에서 환경, 노동, 인권, 거버넌스 등 ESG와 관련한 부정적인 영향이 있는지

22 European Commission(2022), "Proposal for a Directive of the European Parliament and of the Council on Corporate Sustainability Due Diligence and Amending Directive(EU) 2019/1937", COM(2022) 71 final, Brussels, 23. 2. 2022.

를 모니터링하고 관련 사항에 관한 제반 정보를 공개하는 등의 의무를 부과함으로써 적극적으로 ESG를 실행하도록 요구할 것으로 고려된다.

2022년 2월 발표된 EU 공급망 실사지침(안)에 따르면 EU에서 사업을 하는 EU 기업과 제3국 기업 중 고용인원, 매출액, 산업군 등의 기준을 충족하는 기업들이 해당 지침의 적용 대상이 된다.[23] 결과적으로 본 지침의 적용 대상이 되는 기업들이 법적 의무를 위반할 경우 제재 및 민사상의 손해배상책임이 부과될 수 있다는 점에서 입법 과정을 모니터링하며 신속하게 대응하고자 노력할 필요성이 제기되고 있다.

우선 비회원국 기업은 직접 제재 대상에서 제외되었지만, 유럽 현지에 법인을 설립하여 진출한 기업이나 유럽시장에 상품을 수출하는 제3국 기업에 해당하는 한국 기업들 역시 공급망 실사기준을 충족하도록 요구받을 가능성이 높은 상황에 있다. 만약 유럽시장으로 진출하려는 한국 기업이 실사 이행 대상이 될 경우 글로벌 공급망 전반에 걸쳐 환경, 인권, 노동, 거버넌스 상황 등에 대한 통합적 관리 책임 의무가 부과된다는 점에서 세심한 주의가 요구되고 상당한 부담 요인으로 작용할 것이라는 우려가 크다. 지속 가능성 관련 가치와 규범의 측면을 고려하며 글로벌 공급망 전반을 지속해서 살피고 관리해야 한다는 요구는 기업이 부담해야 할 책임 의무를 지나치게 광범위하게 부과할 수 있기 때문이다.

23 한국무역협회(2022), "EU 공급망실사지침(안) 주요 내용과 기업 사례", 『EU Trade Brief』, 한국무역협회 브뤼셀지부, 2022년 5월 11일.

예를 들어 해당 법안이 해당 기업의 직접 협력업체뿐 아니라 간접적으로 연계된 비즈니스 관계의 협력업체들도 실사를 하도록 명기해 실사 범위가 광범위하고 명확성이 부족하다는 우려가 제기되어왔다. 이처럼 복잡한 공급망을 구축하고 있는 기업의 경우 행정비용 부담이 지나치게 과도할 수 있다는 점이 유럽시장으로 진출하려는 한국 기업에게는 실질적 비관세 무역장벽으로 작용할 수 있다.

결국 한국 기업들은 EU가 지속 가능성의 가치에 기반을 두는 통상 관련 정책과 규범을 확대 적용할 상황에 대한 체계적 대응방안 마련이 요구되는 상황에 있음을 알 수 있다. 한-EU 통상 관계에서도 인권, 노동, 환경 등 지속 가능한 발전을 담보하려는 목적의 규범이 더 엄격하게 적용될 가능성이 높다. 그 결과 관련 규제 강화에 따른 우리 기업의 부담은 더욱 커질 수 있다는 점에서 다각적인 대응 노력의 필요성이 제기되고 있다.

따라서 EU 시장에 진출하려는 기업은 인권, 노동, 환경 등에 관한 규정을 준수하는 경영활동을 정립하는 동시에 관련 정보공개 시스템을 마련하는 등 선제적 대응방안 마련을 위해 노력하여야 할 것이다.

국제통상과 지속 가능성 이슈의 연계: 한-EU FTA 노동분쟁 사례

한-EU FTA에서 가장 쟁점이 되었던 분야 중 하나는 비무역 사안에 해당하는 한국의 노동자 보호에 관한 분쟁이었다. 지난 2011년 7월 발효되었던 한-EU FTA는 협정문 제13장을 이른바 TSD 챕터라 지칭되는 '무역과 지속 가능한 발전(Trade and Sustainable Development: TSD)'에 관한 별도의 장으로 두었다.[24] 이를 근거로 한국과 EU는 상호 간에 환경과 노동에 관한 의무 확보를 위해 노력할 의무를 규정하고 이를 위해 상호 간 협력을 강화하고자 했다는 점에서 특징을 지닌다.

사실 한-EU FTA는 앞에서 서술한 바와 같이 2006년 EU의 통상전략으로 발표되었던 '글로벌 유럽(Global Europe)' 전략에 근거하여 추진된 '새로운 세대의 자유무역협정(New Generation FTA)'의 첫 번째 사례였다는 점에서 널리 주목받아왔다. 이는 관세 철폐를 통한 무역 자유화와 더불어 환경, 노동, 투자, 지식재산권 등 무역과 연계된 다양한 이슈들을 협상의 대상으로 포함하고자 했다는 점에서 기존의 양자 간 무역협상과 차별성을 지닌다. 한-EU FTA는 '무역과 지속 가능한 발전' 챕터에 근거해서 양자가 노동과 환경 조건 개선을 위해 노력하도록 명시함으로써 상대국의 노동과 환경 관련 규제와 규범의 개선을 통한 높은 수준의 무역 자유화를 추구하였다.

지난 2018년 EU는 한국이 FTA를 통해 합의하였던 '노동권 조항'과 관련된 의무를 이행하지 않았다고 주장하며 무역분쟁 해결 절차를 개시했다. 즉 한국이 국제노동기구(ILO)의 핵심협약 8개 가운데 강제 또는 의무노동 금지에 관한 협약(제29호), 결사의 자유 및 단결권 보호에 관한 협약(제87호), 단결권 및 단체교섭권 원칙의 적용에 관한 협약(제98호), 정치적 견해 표명에 따른 강제노동 금지 협약(제105호) 등 4개 핵심협약을 비준하

24 European Union(2011), "Chapter Thirteen: Trade and Sustainable Development", Free Trade Agreement between the European Union and its Member States, of the one part, and the Republic of Korea, of the other part, Official Journal of the European Union, L127, 14 May 2011.

지 않았다는 이유로 ILO 핵심협약 비준과 준수를 위해 노력해야 한다는 FTA 규정을 충분히 이행하지 않았다는 것이다.

이처럼 EU는 한국이 FTA 협상에서 약속한 바와 달리 ILO 핵심협약 미비준으로 노동권을 충분히 보장하지 않아 한-EU FTA를 위반했다고 주장하며 분쟁해결 절차를 시작하였다. 한-EU FTA의 '무역과 지속 가능한 발전' 챕터는 분쟁해결 절차가 개시되면 정부 간 협의를 거치도록 하고 있고, 합의를 이루지 못하면 이후 '무역과 지속 가능한 발전' 위원회 소집, 전문가 패널 소집, 전문가 패널 보고서 제출 등의 절차를 거치도록 규정하고 있다. 이러한 절차의 결과 마침내 2021년 1월 전문가 패널 보고서가 공개되었다.[25] 이어 2월에 ILO 핵심협약 비준동의안 3건(제29호, 제87호, 제98호)이 한국 국회를 통과한 이후 4월 ILO에 핵심협약 3건의 비준서를 기탁하며 핵심협약 비준 절차가 마무리되었다.

이상의 한-EU FTA 노동분쟁의 사례는 EU 통상정책의 범주가 확장되면서 환경과 노동 등의 지속 가능한 발전에 관한 규범이 교역 상대국의 관련 규범과 규제를 효과적으로 개선하는 조치로 활용될 수 있음을 분명히 보여준다. 한-EU FTA는 노동 관련 핵심협약 비준의 결과를 이행 의무로 부과하는 강제규정이 아니라 핵심협약 비준을 위해 최선의 노력을 다하는 의무를 명시하고 있다. 하지만 분쟁해결절차 개시 이후 실제 진행되는 과정과 결과는 한-EU FTA가 한국 정부로 하여금 핵심협약 비준의 이행에 적극적으로 나서도록 효과적으로 압박하는 성과로

25 Panel of Experts(2021), "Panel of Experts Proceeding Constituted Under Article 13.15 of the EU-Korea Free Trade Agreement", 20 January 2021.

이어졌음을 알 수 있다.

결과적으로 EU의 통상정책이 ILO 등의 관련 국제기구 등을 직접 통하지 않더라도 노동과 환경 등 지속 가능성 관련 이슈에 관한 역외국의 규범과 정책을 개선하는 주요 정책 수단으로 변화 · 강화되고 있음을 보여준다. 이는 앞으로도 EU가 통상정책의 적용 분야에 지속 가능성과 관련한 새로운 규범을 확대하여 포함할 경우 한국 정부와 기업은 노동, 환경 등의 지속 가능한 발전 관련 분야에서의 준수 의무 등을 지속해서 검토하고 대응방안을 마련해야 하는 과제를 안게 되었음을 의미한다.

4) 적극적 무역정책과 한국에 대한 정책적 함의

EU 신통상정책은 불공정 무역행위로부터 회원국의 이익을 보호하겠다는 목적에서 적극적 무역정책(Assertive Trade Policy)의 성격을 지닌다. 이는 2020년 EU 집행위원회가 발표한 『2020-2024 전략계획(Strategic Plan)』 중 무역총국(Directorate-General for Trade)의 보고서에도 잘 반영되어 나타나고 있다. 이 보고서는 EU 통상정책의 주요 부분 중 하나가 '불공정한 무역과 투자로부터 EU 기업과 시민을 보호하는 것'이라고 제시하고 있다. 이를 위해 EU는 국제무역에 있어 '공정한 무역 환경과 공평한 경쟁의 장(a fair trading environment and a level playing field in international trade)'을 추구하고 있다는 점을 밝히고 있다.[26]

26 European Commission(2020), "Strategic Plan 2020–2024", DG for Trade, pp. 8–9.

그동안 EU는 대외무역 관계에서 회원국의 이익을 방어하기 위한 목적의 무역정책 수단을 다양하게 활용해왔다. 이는 그 성격에 따라 다시금 공세적 무역정책과 방어적 무역정책으로 구분할 수 있다.[27] 여기서는 이 중에서도 한국과의 무역 관계에 적용되어왔거나 향후 상당한 영향을 미칠 것으로 고려되는 대표적 무역정책 수단으로 무역장벽 규정(Trade Barriers Regulation, 이하 TBR), 역외 보조금 규제법안, 통상위협 대응규정 등에 대해 살펴보고자 한다.

무역장벽 규정(Trade Barriers Regulation)

EU의 대표적인 공격적 성격의 무역정책수단인 무역장벽 규정(TBR)은 1994년 역외국과의 통상 관계에 존재하는 불공정 교역행위를 시정할 강력한 조치의 필요성에 따라 도입된 주요 통상정책이다.[28] TBR은 유럽의 기업과 산업이 역외국의 불공정 무역행위 및 무역장벽 요소로 인해 피해 혹은 부정적 무역효과를 경험하는 경우 이를 효과적으로 시정함으

27 박경진(2021), "EU의 공정하고 공평한 통상정책에 대한 고찰: TDI와 CBAM을 중심으로", 『국제경제법연구』 제19권 제2호, pp. 141–160.

28 Council of the European Communities(1994), "Council Regulation(EC) No 3286/94 of 22 December 1994 laying down Community procedures in the field of the common commercial policy in order to ensure the exercise of the Community's rights under international trade rules, in particular those established under the auspices of the World Trade Organization" Official Journal of the European Communities, No L 349/71, 31 December 1994; TBR 규정은 이후 5차례 개정이 이루어졌다. 2015년 개정된 규정은 다음과 같다. European Parliament and Council of the European Union(2015), "REGULATION(EU) 2015/1843 of the European Parliament and of the Council of 6 October 2015 laying down Union procedures in the field of the common commercial policy in order to ensure the exercise of the Union's rights under international trade rules, in particular those established under the auspices of the World Trade Organization", Official Journal of the European Union, No L 272/1, 16 October 2015.

로써 상대국에 대한 시장 접근 환경과 관련 제도를 개선하려는 공세적 무역정책이다. 만약 TBR 절차가 개시된 이후 상대국 시장에 불공정한 무역장벽이 존재한다고 판단되는 경우 WTO 분쟁해결 절차를 거쳐 보복조치를 취할 수 있다는 점이 특징적이다. 따라서 TBR 제소에 따라 해당 절차가 개시되는 경우 그 사실만으로도 교역 상대국에는 상당한 압박요인으로 작용한다.

1995년 1월 TBR이 발효된 이후 EU는 한국에 대해 1998년 화장품 수입 관련 제도, 1999년 의약품 관련 제도와 관행, 2000년 한국 조선업계의 관행 등이 WTO 규범을 위반하는 주요 무역장벽으로 작용하였다고 주장하며 이를 시정하려는 목적에서 관련 절차를 개시한 적이 있다. 그 결과 EU는 TBR 제소에 따라 한국 정부로부터 해당 산업 분야에 관련한 제도 및 관행의 개선 이행에 대한 합의 및 변화를 이끌어내는 등 한국의 시장 개방을 촉진하고 통상환경을 변화시키는 과정에서 중요한 외적 요인으로 작용하며 실질적 성과를 거둔 것으로 평가된다.

과거 한-EU 통상 관계에서 TBR이 발동된 사례에서 나타난 바와 같이, EU는 한국의 수입 관련 제도와 관행이 EU 기업과 산업에 부정적 영향을 미치며 실질적 무역장벽으로 작용하고 있다고 판단되는 경우 TBR 제소를 통해 이를 시정하고자 적극적으로 대응하였다. 결국 EU의 TBR은 한국 시장에서의 '차별적 제도와 관행'을 시정할 강력하고도 효과적인 공세적 통상정책 수단으로 활용되었다고 평가할 수 있다.[29]

29 방청록(2000), "EU의 무역장벽규정이 한국의 통상환경 변화에 미친 영향 연구", 『유럽연구』 제12호, pp. 67-88.

역외 보조금 규제 법안(Foreign Subsidies Regulation)

2021년 5월 EU 집행위원회가 '역내 시장을 교란하는 역외 보조금에 관한 규정(Regulation on Foreign Subsidies Distorting the Internal Market)'의 초안을 발표한 이래 EU는 역외에서 보조금 수혜를 입은 외국 기업의 유럽 시장 진출을 엄격히 규제하려는 목적으로 역외 보조금 규제 법안의 제정을 추진하고 있다.[30] EU가 역외 보조금 규제 법안을 추진하는 이유는 이미 회원국의 보조금에 대해서는 규제하고 있는 반면 역외국의 기업이 제공받는 보조금에 대해서는 통제장치가 없어 EU 기업들이 경쟁에서 상대적으로 불리한 위치에 놓인다고 보기 때문이다. 즉 역외 보조금이 EU 역내 시장에서 경쟁 왜곡 현상을 유발함에 따라 유럽 기업들이 불공정 경쟁의 피해를 경험하고 있으므로 이에 대한 규제가 필요하다는 것이다.[31]

동 법률안이 채택될 경우 외국 기업이 유럽시장에서 일정 규모 이상의 기업을 인수 합병하거나 공공조달에 참여하기 위해서는 최근 3년간 역외 정부로부터 보조금 수혜를 받은 내역을 신고하고 EU 당국의 사전 허가를 받아야 한다. 만약 허위자료를 제출하거나 미신고 등 절차를 위반할 경우 매출액의 1~10%에 해당하는 과징금을 부과받을 수 있다. 또한 보조금 혜택으로 경쟁 왜곡이 의심되는 모든 상황에 대해 EU 당국이 직권조사를 할 수 있도록 규정하고 있다.

이에 대해 한국은 이미 한-EU FTA를 통해 보조금 규정을 투명하게

---

30 European Parliament and Council of the European Union(2021), "Proposal for a regulation of the European Parliament and of the Council on foreign subsidies distorting the internal market", COM(2021) 223 final, Brussels, 5 May 2021.

31 European Commission(2020), "White Paper on Levelling the Playing field as regards foreign subsidies", COM(2020) 253 final, Brussels, 17 June 2020.

운영하고 있음에도, 역외 보조금 규제 법안의 주요 개념이 불명확하고, 직권조사 권한이 지나치게 광범위하며, 여러 기관이 중복적으로 무리하게 조사 자료를 요구하는 등 지나친 규제와 자의적 해석에 따른 권한 남용이 우려된다는 산업계의 의견을 전달해왔다.[32] 즉 해당 사안에 대해서는 보조금을 불투명하게 운영하는 국가를 대상으로 적용되어야 함에도 이상의 여러 이유로 인해 이미 보조금을 투명하게 운영하고 있는 한국의 기업들이 불이익을 받을 수 있다.

따라서 한국은 한국무역협회 등 다각적 경로를 통해 EU 시장에서 이미 공정하게 경쟁하고 있는 한국 기업들이 향후 역외 보조금 규제 법안이 채택, 발효될 경우 법적 불확실성으로 인해 경영 부담 증가와 투자 위축을 경험할 수 있다는 산업계의 우려를 EU 측에 전달하며 해당 법안의 개선을 요구해왔다.

통상위협 대응규정(Anti-coercion Regulation Proposal)

2022년 2월 EU 집행위원회는 제3국의 경제적 위협으로부터 EU의 이익을 보호하고 필요 시 즉각적인 보복조치를 시행할 수 있도록 권한을 규정하는 '통상위협 대응규정(안)(Anti-coercion Regulation Proposal)'을 발표하였다.[33] 이 규정안은 지난 2019년 12월 집행위원회가 기존의 통상권

32 유럽한국기업연합회 외(2022), "EU 역외보조금규제 공동성명서", 브뤼셀, 2022년 2월 15일.

33 European Commission(2021), "Proposal for a regulation of the European Parliament and of the Council on the protection of the Union and its Member States from economic coercion by third countries", COM(2021) 775 final, Brussels, 8 December 2021.

한 집행 규정(Trade Enforcement Regulation)을 개정[34]하고자 논의를 진행하는 과정에서 EU가 경제적 위협에 대응할 방법을 규정하는 별도의 입법안을 마련하기로 함에 따라 추진되는 것이다.

EU가 통상위협 대응규정을 마련하게 된 배경에는 WTO 상소 기구 마비로 통상분쟁 해결방법이 사라진 상황에서 EU가 독자적으로 통상위협에 대응할 방안을 마련할 필요성이 제기되었기 때문이다. 즉 WTO 분쟁해결 기능의 약화에 따라 EU가 제3국의 경제적 위협에 신속하면서도 효과적으로 대응할 정책 수단이 필요하다는 요구에 따른 것이다.

통상위협 대응규정안에 따르면, 제3국의 경제적 위협에 따라 통상과 투자의 측면에서 부정적 영향을 받는 경우, 1단계 조치로 먼저 상대국과의 협의를 진행한다. 해당 문제가 해소되지 않을 경우 2단계 조치로 최후 수단으로서의 대응조치(countermeasure)를 시행할 수 있도록 하고 있다.

여기서 다음의 중요한 변화를 포함하고 있다는 점에 주목할 필요가 있다. 첫째, 대응조치가 취해지면 그 적용 대상 범위가 상품, 서비스, 투자, 공공조달, 금융 서비스 등을 포괄하고 있고, 국가와 더불어 개인과 단체까지 제재의 대상으로 포함한다는 점에서 광범위해졌다. 둘째, 대응조치 의결이 만장일치가 아닌 가중다수결에 기초하고 있을 뿐 아니라 긴급 상황 발생 시 의결 없이 EU 집행위원회가 즉각적으로 보복조치를 시행할 수 있어 신속한 의사결정이 가능하게 되었다.

---

34 European Union(2021), Regulation(EU) 2021/167 of the European Parliament and of the Council of 10 February 2021 amending Regulation(EU) No 654/2014 concerning the exercise of the Union's rights for the application and enforcement of international trade rules, Official Journal of the European Union, L49/1, 12 February 2021.

더욱이 기존의 EU 통상정책에는 경제제재 조치가 포함되지 않아 경제제재를 채택할 권한이 EU 이사회 등 회원국에 있었지만 동 규정안에 따라 EU 집행위원회가 경제제재 조치를 채택할 수 있는 권한이 부여된다. 이로 인해 경제제재가 더는 전통적 · 외교적 조치의 사안으로만 다루어지지 않고 통상의 영역에서도 취해질 수 있게 되었다는 점에서 EU 통상정책의 중요성과 영향력이 강화되는 변화가 나타날 것으로 고려된다.

EU의 통상위협 대응규정이 채택 · 발효될 경우, 한국이 직접적으로 규정 적용 대상국이 될 가능성은 높지 않다. 하지만 한국의 기업이 EU에 경제적 위협을 행사하는 제3국을 통해 유럽시장으로 수출하는 등의 상황에서는 간접적으로 규정 적용의 영향을 받을 가능성이 높다는 점에서 시사하는 바가 크다. 예를 들어, 최근 리투아니아에 대한 중국의 경제제재 상황, 러시아의 우크라이나 침공 이후 갈등 상황 등의 사례에 대해 향후 동 규정이 적용될 실제 가능성이 높다. 따라서 향후 한국과 긴밀한 경제적 관계에 있는 제3국에서 유사한 사례가 발생할 때 우리 기업과 산업이 간접적인 영향을 받을 가능성에 대비한 면밀한 검토와 사전 준비가 필요하다.[35]

35 한국무역협회(2022), "EU 통상위협대응 규정(안) 핵심내용 및 시사점", 『EU Trade Brief』, 한국무역협회 브뤼셀지부, 2022년 2월 28일.

4. 한국에 대한 EU 통상정책의 정책적 시사점

EU와 한국은 서로에 대하여 주요 교역 대상자이자 핵심 투자파트너로서의 경제적 협력관계를 발전시켜왔다. 특히 지난 2010년 이래 EU와 한국은 개정된 '한-EU 기본협력협정'과 한-EU FTA를 기초로 양자의 관계가 전략적 동반자 관계로 격상되어 발전해왔다. 이는 한-EU 관계가 민주주의, 시장경제, 자유무역 등 핵심가치를 공유하는 이른바 '가치에 기초한 전략적 동반자 관계'로 발전하였음을 의미한다. 즉 경제통상적 측면에서는 FTA를 기반으로 하는 전략적 협력관계가 발전하였음을 시사한다.

이 과정에서 EU는 한국과의 FTA를 추진함으로써 한편으로 한국 시장에의 접근을 개선하고자 했지만, 이와 동시에 상당한 성장의 잠재력을 지닌 아시아 시장에 대한 영향력 확대와 시장 진출의 기회를 도모하려는 전략적 목적을 추구하고 있었음을 분명히 인식할 필요가 있다. 한-EU FTA를 추진함으로써 궁극적으로 유럽산업의 경쟁력 강화, 유럽경제의 지속적 성장 및 국제정치 · 경제적 영향력 확대라는 정책적 목적을 달성하고자 한 것이다.

그 결과 한-EU FTA 추진 이후 10년이 지난 시점에서 자유무역협정의 효과는 상당했다고 평가되었다. 특히 관세 및 비관세 장벽의 철폐와 완화를 통해 EU 기업들이 한국 시장에 대한 접근성을 높이고 투자 기회를 확대하는 등 중요한 성과를 거둘 수 있었다. 이는 EU가 WTO 다자교역협상이 지지부진한 국제통상환경 변화 등에 선제적으로 대응하는 차원에서 한-EU FTA를 추진했고, 그에 따라 한국 등 주요 교역 상대국 시장에 대한 접근을 확대할 수 있었기 때문이다.

이처럼 최근의 급변하는 글로벌 통상환경에 대응하며 EU가 신통상정책을 발표하였던 배경에 대해 주목할 필요가 있다. EU의 신통상정책은 '개방형 전략적 자율성', '지속 가능성', '적극적 무역정책' 등의 핵심 개념을 제시하며 국제경제통상 관계에서 EU의 이해관계를 보호하고자 적극 노력하겠다는 정책적 의지를 분명히 한다. 신통상정책을 통해 유럽 산업의 글로벌 경쟁력을 강화하고, 무역과 지속 가능성 이슈의 연계성을 높여 관련 분야에서의 통상 규범과 규제에 관한 국제적 논의에 기여하고자 하며, 적극적 무역정책을 통해 교역 상대국의 불공정 무역관행으로부터 유럽 산업과 기업을 보호하겠다는 입장을 견지하고 있기 때문이다.

이러한 EU 신통상정책이 향후 한국에 다각적인 영향을 미칠 것으로 전망된다. 특별히 EU가 경제통상 분야에서 규범 제정자(rule setter)로서 담당하는 국제적 역할이 강화되는 경향에 대해서도 충분한 이해가 필요하다. 최근 EU가 녹색 전환, 디지털 전환, 가치적 측면의 규범 등에 관해 다양한 역내 규범과 규칙을 제정하여 이를 글로벌 규범으로 발전시키려는 정책적 의지가 확고하다는 점에서 이에 대한 선제적 검토와 대응방안 마련이 시급하다.

한-EU FTA 노동분쟁 사례를 통해서도 알 수 있듯이 향후 EU가 환경 및 노동 등과 같이 지속 가능성 관련 이슈에 대한 집행 가능성을 강화할 가능성에 대해 충분히 대비할 필요가 있다. 이는 EU의 신통상정책에서 지속 가능성 관련 이슈를 통상정책의 핵심 요소로 제시하였던 점을 통해서도 잘 나타난다. 따라서 향후 EU와의 통상관계에 있어 환경, 노동 등과 같은 비무역 이슈가 한층 높은 수준에서 부각될 가능성이 매우 큰 상황에 있으므로 지속 가능성 규범 관련 국내 규제에 대한 개선 과제까지 고려하는 대응전략의 수립에 적극 나서야 할 것이다.

그러므로 향후 EU가 신통상정책의 추진과정에서 회원국의 경제와 산업의 이익을 보호하고자 일련의 무역정책 규범과 규제를 신설, 강화할 가능성에 선제적으로 대비할 필요가 있다. 다자교역체제 강화, 탄소저감 등과 같이 EU와 동일한 정책적 이해관계를 가지는 분야에 대해서는 EU와 적극적으로 대화하며 한국 정부의 정책적 의지와 국내 성과가 잘 전달될 수 있도록 노력해야 할 것이다.

더 나아가 ESG 경영이 이미 글로벌 추세로 부상하였다는 점을 고려하여, 환경, 노동, 기업 거버넌스 등과 같은 지속 가능 관련 이슈들에 대한 국내 정책과 규제를 개선하고자 계속 힘써야 할 것이다. 이러한 선제적 노력이 EU 신통상정책에 따른 유럽지역 통상환경의 변화와 한-EU 통상 관계의 변화에 적극적으로 대응하는 실제적 해법이 될 수 있을 것이다.

제5장

EU의 대중국 통상정책

강유덕 한국외국어대학교 LT학부 교수

EU와 중국은 2021년 기준 서로에게 있어 제1위의 무역 상대국이다. EU의 전체 무역에서 중국과의 무역이 차지하는 비중은 16.2%로 미국의 14.7%보다 크며, 특히 대중국 수입은 대미국 수입보다 두 배 이상 크다. 무역 비중이 말해주듯 EU는 중국과의 통상 관계 구축에 역점을 기울일 수밖에 없다.

EU-중국 간의 무역 · 투자 관계를 설명하려면 지난 30여 년간 세계화의 물결 속에 나타난 세 가지 변화를 고려할 필요가 있다. 첫째는 2001년 중국의 세계무역기구(WTO) 가입과 그 이후 나타난 중국 경제의 변화이다. 중국이 다자체제에 안착하면서 무역-투자 개방이 가속화되었고, 이로 인해 중국에 대한 세계 각국의 시장 접근 기회가 크게 확대되었다. 또한 중국의 제조업 생산능력이 확대되면서 중국은 '세계의 공장' 역할을 하였고, 2009년에는 독일과 미국을 제치고 세계 1위의 수출국이 되었다. 이 과정에서 중국은 산업 및 경제정책을 국제규범에 맞게 개혁했고, 이로 인해 중국 경제의 세계 편입이 가속화되었다. 둘째는 중국이 장

기간에 걸쳐 높은 경제성장률을 누릴 수 있었고, 그 결과 세계 제2위의 경제 규모를 갖게 된 점이다. 중국 경제는 개혁 개방을 표방한 이래 장기간에 걸쳐 전례 없는 성장가도를 달렸다. 연평균 10%에 가까운 경제성장을 지속하면서 2001~2007년의 기간 중 프랑스, 영국, 독일의 경제 규모를 차례로 추월하였고, 2010년에는 일본을 밀어내고 세계 2위의 경제 대국으로 자리 잡았다. 셋째는 2000년대 중반 이후 EU의 통상정책이 '아시아 중시정책(pivot to Asia)'으로 차츰 변해온 점이다. 애초 EU 역내의 단일시장과 주변국과의 외교 · 통상 관계에 우선순위를 두었던 EU는 조용히 동아시아로 고개를 돌리기 시작했다. 2006년 EU 집행위원회(European Commission)는 기존의 유럽 위주의 전략에서 탈피하여 역외국과의 무역을 강조하는 '글로벌 유럽(Global Europe)' 통상전략을 발표하였다. 이 전략은 성장 잠재력이 높은 지역, 특히 아시아 국가와의 자유무역협정(FTA) 체결을 도모하는 것을 골자로 한다. 특히 2008년 글로벌 금융위기 이후에는 아시아 국가와의 밀접한 통상 관계를 구축함으로써 이 지역의 수요 확대를 EU 역내의 고용 창출에 활용하려는 움직임을 보이게 되었다.

이러한 변화를 감안하여 이 장에서는 EU-중국 관계의 변화를 무역 · 투자를 중심으로 살펴보고 EU의 대중국 통상정책을 소개한다. 특히 EU-중국 간에 존재하는 무역 · 투자 협력뿐만 아니라 갈등의 요인들을 살펴봄으로써 EU가 가진 대중국 경제 안보에 대한 내용도 살펴보도록 하자.

1. EU-중국 경제 관계

1) EU와 중국의 상호 무역 관계

지난 30여 년간 EU와 중국 간 양자무역은 비약적으로 증가하였다. 1999~2021년의 기간 중 EU의 대중국 수출은 178억 유로에서 2,234억 유로로 12.5배 증가하였고, 수입은 43억 유로에서 4,723억 유로로 11.1배 증가하였다. 이 기간 중 EU의 역외무역은 연평균 4.9%씩 증가했는데, 대중국 무역은 연평균 11.8%씩 증가하였다. 대중국 무역의 비약적인 증가가 사실상 EU의 전체 무역 증가를 견인한 것이다. 좀 더 장기적인 데이터 파악이 가능한 회원국별 대중국 변화를 살펴보면 1990~2021년의 기간 중 대중국 무역은 독일과 프랑스가 각각 37배와 27배 증가하였고, 유럽 내 중개무역지 역할을 하는 네덜란드의 경우 무려 100배에 가까운 증가를 기록했다.

〈그림 5-1〉 EU의 대중국, 미국, 일본 무역 추이 비교

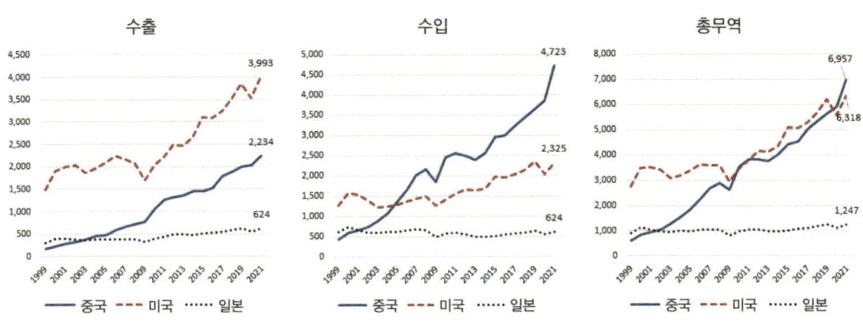

자료: Eurostat, https://ec.europa.eu/eurostat/data/database(검색일: 2022. 3. 30).

대중국 무역이 증가한 직접적인 원인은 첫째, WTO 가입을 계기로 세계경제에 편입되면서 중국이 세계의 공장으로 자리를 잡았고, 장기간에 걸쳐 높은 경제성장률을 기록했기 때문이다. EU의 역외무역에서 중국이 차지하는 비중은 1999년 4.0%에서 2021년 16.2%로 크게 증가하였다. 2021년 기준 중국은 EU의 제3위 수출대상국이며, 제1위의 수입대상국이다. 수출과 수입을 합한 전체 무역 기준으로 중국은 EU의 제1위 무역 상대국이 된다. 특히 수입을 살펴보면 EU의 총 역외 수입에서 중국의 비중은 22.4%로 2위인 미국에 비해 수입량이 두 배 이상 많다.

〈표 5-1〉 EU의 주요 무역 상대국(2021)

수출				수입				무역			
순위	국가	무역량 (1억 유로)	비중 (%)	순위	국가	무역량 (1억 유로)	비중 (%)	순위	국가	무역량 (1억 유로)	비중 (%)
1	중국	4,723	22.4	1	중국	3,993	18.3	1	중국	6,957	16.2
2	미국	2,325	11	2	영국	2,836	13.0	2	미국	6,318	14.7
3	러시아	1,587	7.5	3	중국	2,234	10.2	3	영국	4,304	10.0
4	영국	1,468	7.0	4	스위스	1,566	7.2	4	스위스	2,802	6.5
5	스위스	1,236	5.9	5	러시아	893	4.1	5	러시아	2,480	5.8
6	터키	780	3.7	6	터키	792	3.6	6	터키	1,572	3.7
7	노르웨이	744	3.5	7	일본	624	2.9	7	노르웨이	1,310	3.1
8	일본	624	3.0	8	노르웨이	565	2.6	8	일본	1,247	2.9
9	한국	554	2.6	9	한국	519	2.4	9	한국	1,073	2.5
10	인도	462	2.2	10	인도	418	1.9	10	인도	880	2.1
	전 세계	21,125	100		전 세계	21,804	100		전 세계	42,929	100

자료: European Commission, "European Union, Trade in goods with China"(2022), https://webgate.ec.europa.eu/isdb_results/factsheets/country/details_china_en.pdf(검색일: 2022. 3. 30).

EU-중국 간 무역 관계는 수입이 수출보다 두 배 이상 많은 비대칭적 구조를 갖고 있다. EU의 대중국 무역적자는 등락은 있지만 증가 추세를 보였다. EU의 대중국 무역적자는 2000년 372억 유로에서 2021년 2,490억 유로까지 증가하였다. 역설적으로 EU의 경제성장률이 높아질수록 대중국 무역수지 적자는 증가하는 모습을 보였다. 이는 EU-중국 무역 관계에서 EU가 무역적자일 수밖에 없는 구조로 형성되어 있음을 의미한다. 사실상 EU의 대중국 무역적자 증가는 무역-투자 자유화를 통해 형성된 세계화의 한 단면이다. 선진 경제권이라고 할 수 있는 유럽 지역의 많은 기업이 생산시설 중 상당 부분을 신흥국으로 이전하였다. 특히 선진국-신흥국 간에 무역 특화의 결과 일정 수준의 제조업 기반을 갖춘 신흥국의 수출이 급증하였는데, EU-중국 무역 관계는 이러한 세계화의 단적인 예다.

EU 회원국별로 대중국 무역수지는 차이가 있다. 대부분의 EU 회원국은 대중국 무역적자를 보인다. 가령 네덜란드는 2021년 대중국 무역적자가 945억 유로에 달했고, 폴란드, 스페인, 이탈리아는 200억 유로 이상의 무역적자를 기록했다. 무역흑자를 기록하는 국가는 독일, 아일랜드, 핀란드 3개 국가뿐이다. 그런데 이러한 국가별 대중국 무역수지의 차이는 단기간에 형성된 것이 아니며, 세계화 과정 중에 진행된 생산시설의 이전(EU→역외), 중국의 제조업 생산능력의 확충 등이 조합된 결과이다. 수출지향성이 강한 소수의 국가(독일, 아일랜드) 또는 원자재 수출 국가(핀란드)를 제외하고는 모두 대중국 무역수지가 큰 폭의 적자를 갖는다. 네덜란드 수입의 대부분이 다른 EU 회원국으로 재수출된다는 점을 감안하면 회원국별 대중국 무역적자는 통계상으로 나타난 것보다 더 클 수 있다.

〈그림 5-2〉 중국의 대EU 회원국별 투자추이

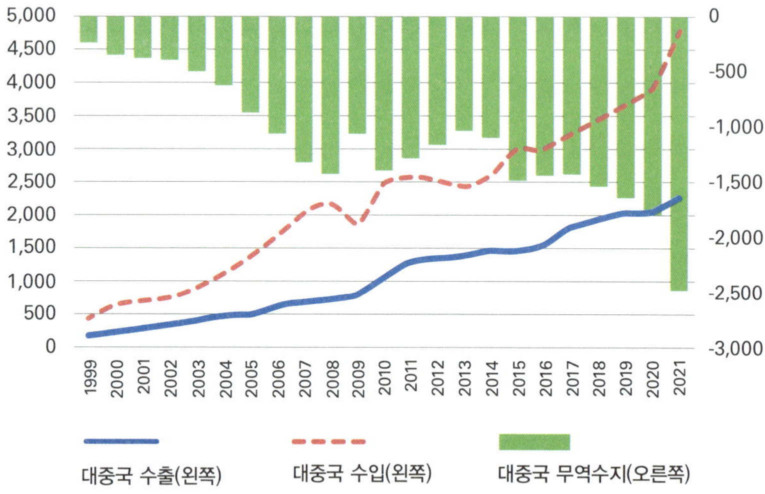

자료: Eurostat, https://ec.europa.eu/eurostat/data/database(검색일: 2022. 3. 30).

〈그림 5-3〉 EU 회원국별 대중국 무역수지(2021)

(1억 유로)

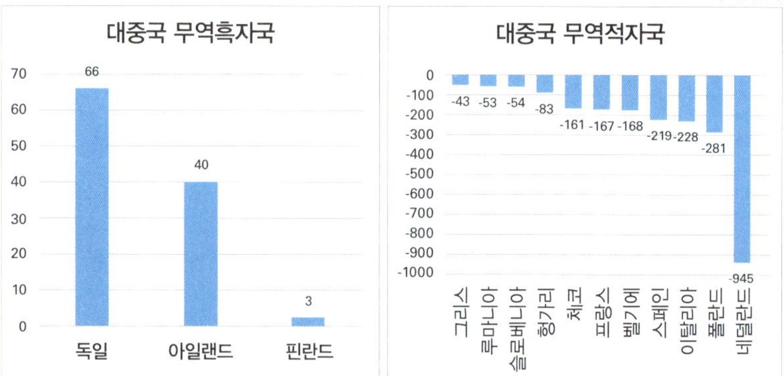

자료: Eurostat, https://ec.europa.eu/eurostat/data/database(검색일: 2022. 3. 30).

세계화의 과정에서 한국 등 동아시아 국가의 대중국 무역수지는 공급망 형성에 따라 흑자구조가 구축된 반면, 미국과 EU의 대중국 무역수지 적자는 증가하였다. 이러한 대중국 무역수지 적자에 대한 인식에 있어 EU는 미국과 큰 차이를 보인다. 미국 정부는 오랜 기간 중국의 대미국 무역수지 흑자를 비판했고, 다양한 경로를 거쳐 무역분쟁이 발생했다. 가령 미국 오바마 행정부는 미국의 대중국 무역적자를 '글로벌 불균형(Global imbalances)'으로 지적하며 이에 대한 대책을 촉구했고, 중국 위안화의 환율 문제는 논쟁의 대상이었다. 더 나아가 트럼프 행정부에서는 세이프가드(통상법 201조), 안보상 수입규제(통상법 232조), 불공정 무역 시정조치(통상법 301조) 등 미국 국내법을 동원하여 거의 무역제재 수준의 대중국 압박을 펼쳤다. 반면에 EU는 대중국 무역수지 적자를 제로섬(zero sum) 게임의 관점으로 보기보다는 세계화 과정에서 진행된 국제분업의 결과로 보는 경향이 강했다. 따라서 무역수지를 이유로 중국에 대해 전면적인 통상압력을 행사하는 경우는 거의 없었다. EU 지도부에 의해 중국과의 무역불균형 문제가 언급되기 시작한 것은 비교적 최근의 일이다.

한편 이와 같은 EU의 입장은 무역 상대국으로써 중국을 바라보는 태도가 서로 다른 데 기인하는 점도 있다. 가령 EU의 대중국 수출 중 독일이 차지하는 비중은 절반에 이르며, 독일의 대중국 무역흑자는 2019년 193억 유로까지 이르렀다. 이후 코로나19 사태 등의 여파로 독일의 대중국 무역흑자는 감소하였으나, 중국이 중요한 수출시장이라는 점은 변함이 없다. 가령 한 회원국이 대중국 보호무역 조치의 필요성을 주장하더라도, 중국 시장에 대한 의존도가 높은 다른 회원국이 이 조치에 반대를 표시하는 경우가 발생할 수 있다. 따라서 회원국 간 절충 과정을 거친

후 EU의 정책으로 구현되는데, 통상정책이 대표적인 분야이다.

2) EU-중국 투자 관계

EU-중국 관계는 투자에서도 큰 변화를 겪었다. 1979년 중국은 대외문호 개방을 선택하면서 경제특구를 중심으로 외국인 자본을 받아들이기 시작했다. 중국 내 유입된 외국인 직접투자(FDI)는 중국 정부의 정책과 외국 기업의 투자전략에 따라 시작, 발전, 업그레이드 단계로 구분해 볼 수 있다. 특히 초기의 개방개혁은 지정된 경제특구를 중심으로 이루어졌지만, 이후 개방개혁 지역을 확대하고, 산업구조를 업그레이드하는 방향으로 진행되었다. 이미 1993년 중국은 개발도상국 중에서 제일 많은 외국인 직접투자 유입을 달성할 수 있었고, 미국에 이어 제2위의 외국인 자본 유치 지위를 확립했다. 2001년 WTO 가입을 전후해서는 이미 대부분의 글로벌 기업들이 중국에 투자해 생산 및 판매법인, 합작투자 등을 실시하게 되었다. 이때부터는 단순히 임가공을 목적으로 한 투자유치에서 연구개발(R&D)을 포함한 첨단산업 분야의 투자 유치를 도모하였다.

개방개혁 초기에 중국은 주로 투자를 유치하는 국가였으나, WTO 가입을 계기로 해외진출 전략(저우추취, 走出去, going out)을 채택하고 본격적인 해외투자에 나섰다. 2000년대 중반까지의 해외투자는 중국의 산업생산 증가를 뒷받침할 수 있는 천연자원 확보에 초점이 맞춰졌다. 이를 위해 주로 아프리카 등 자원 부국에 투자가 집중되었다. 중국의 해외투자액

〈표 5-2〉 시기별 중국의 FDI 유치

	단계	기간	내용
1	시작 단계	1979~1986년	개방개혁 정책을 추진하면서 세계 각국에 문호를 개방
2	발전 단계	1987~1991년	개방개혁 지역이 확대되면서 외국인 직접투자의 유입이 크게 증가 연평균 6,842건의 외국인 투자계약 체결
3	고속 발전 단계	1992~1995년	중국 정부의 개방범위 확대 및 심화 정책에 따라 외국인 투자가 급격하게 증가 미국에 이은 제2위의 외국인 투자유치국 지위 확립
4	안정적 발전 단계	1996~2001년	대부분의 글로벌 기업들이 중국에 입지 마련 일본 20대 기업 중 19개 사, 미국 20대 기업 중 18개 사, 한국 20대 제조업 기업 중 18개 사, 독일 10대 제조업 기업 중 3개 사가 이미 중국에 투자
5	업그레이드	2002년 이후	WTO 가입에 따른 다자체제 편입 단순 임가공에서 R&D, 금융센터 등으로 변화를 도모

자료: 김우정, "中, 외국인 직접투자 저점 지나고 성장세 굳혀," 『KOTRA 해외시장뉴스』(2009년 10월 30일).

은 1990년대에는 연평균 23억 달러에 불과했으나, 2001~2004년 연평균 44억 달러로 증가했다. 이어 2005~2007년에는 연평균 186억 달러, 2008~2011년에는 607억 달러까지 증가했다. 이 과정에서 나타난 중요한 특징은 점차 해외기업에 대한 인수·합병(M&A)을 중심으로 투자확대가 이루어졌다는 점이다. 이에 2008~2011년의 기간 중 중국 기업들은 전 세계 M&A 시장의 7.3%를 차지하였다.[01]

중국이 유치국에서 투자국으로 변화하는 과정은 EU-중국 투자 관계에서도 그대로 찾아볼 수 있다. 오랫동안 양측의 투자 관계는 주로 유럽에서 중국으로 투자가 이루어지는 한 방향의 관계였다. 유럽 기업들은

01 한재현·강지연, "글로벌 위기 이후 중국 해외직접투자의 동향 및 특징," 『국제경제정보』 제2013-2호(2013년 1월 18일), p. 2.

초기에는 저임금 생산기지로써 중국을 활용하기 위해 제조업 분야에 집중적으로 투자하였고, 이후에는 중국이 갖는 소비시장으로서의 매력에 이끌려 유통, 금융, 생활 일반 등 서비스 분야로 투자를 확대했다. 중국의 산업생산력은 경제특구를 중심으로 크게 성장하였고, 범용 제품 분야에서 중국산 제품이 세계 시장을 석권하는 현상이 나타났다.

유럽기업의 대중국 투자에 비해 중국 기업의 대유럽 투자는 상대적으로 최근의 일이다. 중국의 대유럽 투자는 1980년대부터 시작되었는데, 당시에는 유럽의 항만, 보관시설 등에 대한 소규모 투자 등이 주를 이루었다. 사실상 이 투자는 중국의 수출을 뒷받침하기 위한 현지 인프라 섭외조치로 볼 수 있고, 본격적인 해외투자로 보기는 어렵다. 중국의 해외투자는 중국 경제의 성장과 함께 가속화되는데, 먼저 아시아, 중남미, 아프리카 등 자원이 풍부한 지역에 대한 자원추구형 투자가 시작되었다. 고속성장 과정에서 산업생산에 필요한 원자재 확보가 시급했던 반면, 국내 임금수준을 감안할 때 생산시설의 해외 이전 필요성은 낮았다.

2008년 글로벌 금융위기 이후 중국 기업의 해외투자는 양적으로 많이 증가하였다. 대EU 투자를 중심으로 살펴보면 2005~2008년 기간 중 중국의 대EU 투자는 연평균 4.5억 유로였던 데 반해, 2010~2013년 기간에는 연평균 60억 유로를 기록하면서 10배 이상의 증가세를 보였다. 〈그림 5-4〉에서 볼 수 있는 것처럼 2010년 이전에는 EU의 대중국 투자가 중국의 대EU 투자보다 압도적으로 많았다. 이후 격차는 급속도로 좁혀져 2014년부터는 중국의 대EU 투자가 훨씬 더 많아졌고, 2016년에는 최고 수준인 359억 유로를 기록했다.

중국의 대EU 투자가 급증하면서 2017년에는 중국의 대EU 누적 투자액이 사상 처음으로 유럽 기업의 대중국 누적 투자액을 앞지르게 되었다. FDI는 선진국 간에 이루어지거나, 선진국에서 개발도상국의 방향으로 진행되는 것이 일반적인 현상이다. 중국의 1인당 소득수준을 감안하면 중국에서 유럽으로 FDI가 진행되는 것은 기존의 투자 흐름을 감안하면 독특한 현상이다. 후술하겠지만, 2010년 이후 급증한 중국의 대EU 투자는 상당 부분 중국 국영기업들이 주도했고, 유럽의 제조업 부문 첨단기업들을 대상으로 이루어졌다. 거시적 맥락에서는 무역수지 흑자로 축적된 외환 보유고가 해외투자의 형태로 환류되는 것이며, 기업 차원에서는 자본력을 갖춘 중국 기업들이 첨단산업 분야에서 기술 및 R&D 능력을 확보하기 위해 서구의 핵심 중견기업에 대해 M&A를 대거 추진했다. 이러한 현상은 앞으로도 계속될 가능성이 크다. 다만, 2016년 이후

〈그림 5-4〉 EU와 중국의 상호투자 추이(10억 유로)

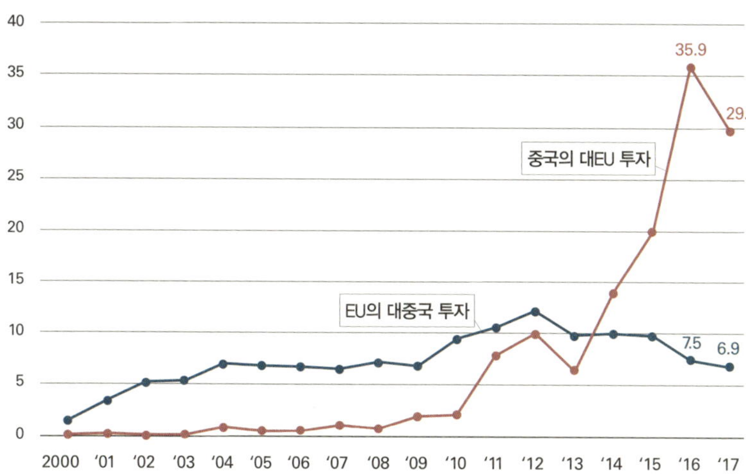

자료: Thilo Hanemann and Mikko Huotari, "EU-China FDI: Working towards Reciprocity in Investment Relations," *MERICS Papers on China*, No. 3(2018), p. 16.

〈그림 5-5〉 EU와 중국의 상호 누적 투자 변화(10억 유로)

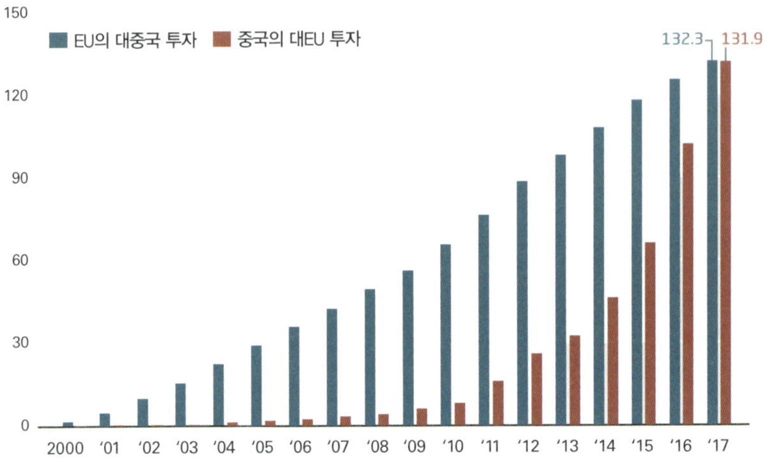

자료: Hanemann and Huotari(2018), p. 17.

〈그림 5-6〉 투자 형태에 따른 중국의 대EU 투자 추이(10억 유로)

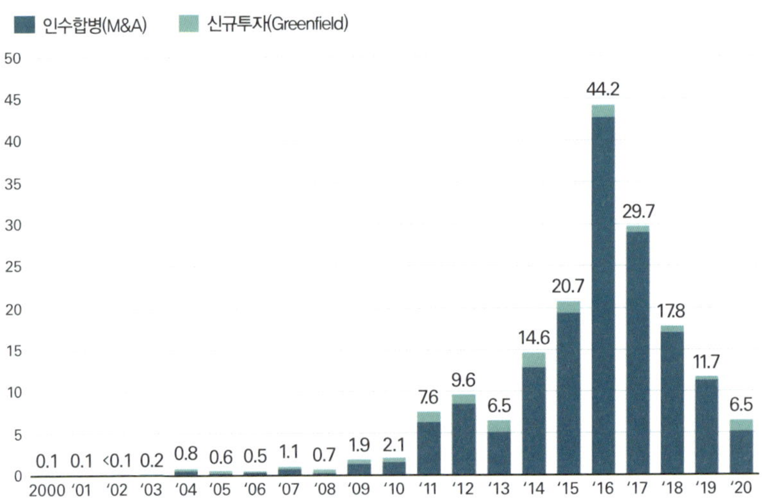

자료: Rhodium Group, Merics, *Chinese FDI in Euriope: 2020 Update*(June 2021), p. 9.

중국의 대EU 투자는 감소 추이를 보인다. 중국 정부가 해외투자에 대한 감독을 강화하고, 유럽 각국의 경계심이 강화되면서 중국 기업의 M&A에 비우호적인 여건이 형성되었기 때문이다.

중국의 대EU 투자에서 나타난 독특한 특징은 대부분의 투자가 M&A 방식으로 이루어졌다는 점이다. 〈그림 5-6〉에 나타난 바와 같이 2010년 이후 중국의 대EU 투자는 사실상 M&A가 대부분을 차지한다고 보아도 과언이 아니다. 일반적으로 선진국 간 투자는 M&A 방식이 주를 이루지만, 선진국과 개발도상국 간 투자는 신규투자(Greenfield) 방식이 많이 활용된다. 시장과 관련 산업 생태계가 잘 구축된 선진국 시장에 투자할 경우 기존의 기업을 M&A하는 것이 빠르고 효율적인 진출 방법이다. 개발도상국에 투자할 경우에는 인수할 만한 현지 기업과 산업시설이 미비한 경우가 많아 투자자가 직접 공장 신설 등을 추진하는 경우가 많다. 그런데 중국의 대EU 투자의 경우 소득수준이 낮은 국가가 높은 국가에 투자하는 것이기 때문에 기존의 FDI 패턴으로는 설명하기 어려운 점이 있다. 중국의 대EU 투자가 M&A를 중심으로 급증한 이유는 기술 및 R&D 능력 등 전략적 자산을 획득하기 위한 투자가 주를 이루었기 때문이다.

중국의 대EU 투자를 회원국 단위로 살펴보면, 영국, 독일, 프랑스 등 빅3 국가에 대한 투자 비중이 제일 높다. 연도별로 차이는 있으나, 이 3국에 대한 중국의 투자가 대EU 전체 투자의 70%를 상회하는 연도도 있다. 반면에 일부 연도를 제외하고 중동부 유럽(〈그림 5-7〉에서 동부 유럽)에 대한 투자는 그 비중이 매우 낮다. 이는 한국의 대EU 투자에 있어 중동부 유럽이 매우 중요한 한 축을 형성한다는 점과 대조적이다. 북부 유럽에 대한 투자는 해마다 변동성이 높게 나타나는데, 이는 소수의 기업을 대

〈그림 5-7〉 중국의 대EU 회원국별 투자 추이

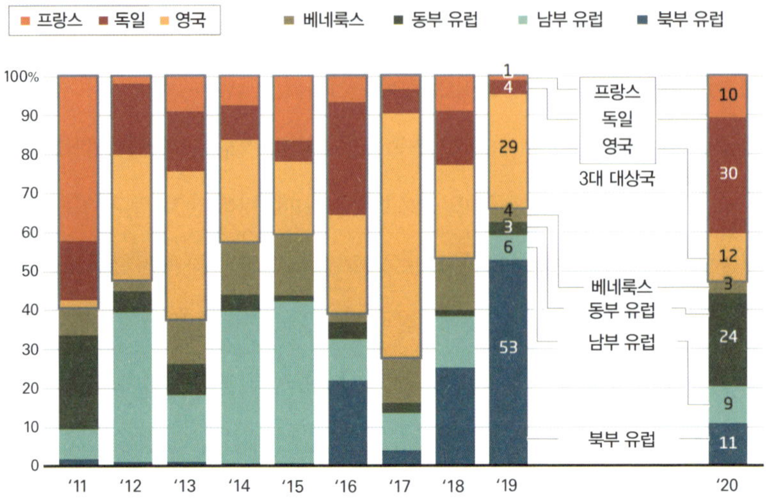

주: 3대 대상국(프랑스, 독일, 영국), 베네룩스(벨기에, 네덜란드, 룩셈부르크), 동부 유럽(오스트리아, 불가리아, 체코, 헝가리, 폴란드, 루마니아, 슬로바키아), 남부 유럽(크로아티아, 키프로스, 그리스, 이탈리아, 몰타, 포르투갈, 슬로베니아, 스페인), 북부 유럽(에스토니아, 덴마크, 핀란드, 아일랜드, 라트비아, 리투아니아, 스웨덴).
자료: Rhodium Group, Merics, *Chinese FDI in Euriope: 2020 Update*(June 2021), p. 10.

상으로 대규모 투자가 진행되는 FDI의 특징상 연도별 변화가 클 수밖에 없다. 한편 '중국 → 유럽' 방향의 직접투자뿐만 아니라 중국 기업이 홍콩을 포함한 다른 지역 소재 기업을 통해 EU 회원국의 기업에 우회 투자하는 경우도 2000~2019년의 기간 중 137건에 이른다. 중국 기업이 경영권이 이미 있는 유럽계 기업을 통해 EU 회원국 기업에 투자한 경우도 74건에 이르는 등 중국의 대EU 투자는 통계적으로 나타난 수치보다 더 많은 것으로 파악된다.[02]

02 양평섭 · 이철원 · 나수엽 · 오태현 · 김영선 · 윤형준 · 강유덕, 『중국의 대유럽 투자와 유럽의 정책 대응』, 전략지역심층연구 20-01(2020), pp. 73-77.

〈그림 5-8〉 중국의 대EU 산업별 투자 추이(10억 유로)

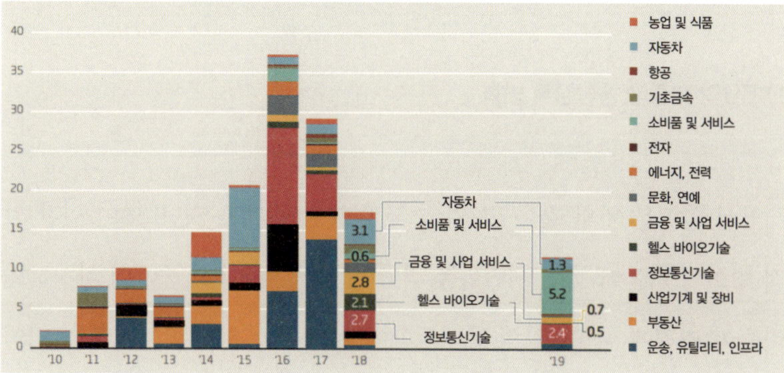

자료: Rhodium Group, Merics, *Chinese FDI in Europe: 2019 Update*(April 2020), p. 13.

중국의 산업별 대EU 투자를 살펴보면 대부분의 투자가 대형 M&A를 중심으로 이루어지기 때문에 연도별로 산업별 비중이 크게 차이 난다. 따라서 특정 연도를 통해 확인한 산업별 투자 비중을 일반화하기가 어렵다. 반면 〈그림 5-8〉에 나타난 바와 같이 모든 연도에 걸쳐 공통으로 확인할 수 있는 것은 서비스업에 대한 투자 비중이 낮고, 기술 중심의 제조업에 투자가 집중된다는 점이다. 특히 운송, 자동차, 항공, 정보통신기술, 산업기계 및 장비 등 고도기술 분야에 투자가 집중된다. 다만, 2019년에는 소비품 및 서비스 분야의 투자가 많이 증가했다. 핵심기술 분야의 외국인 투자에 있어 EU 및 회원국의 관련 부처가 중국의 M&A에 대한 감독을 강화하였으나, 정보통신기술 분야는 전체 투자의 20% 이상을 차지했다.

2. EU-중국 통상 관계의 변화

1) EU의 대중국 통상정책 변화

앞서 살펴본 바와 같이 EU와 중국의 통상 관계는 지난 30여 년간 양적 변화와 더불어 구조적 변화를 겪었다. 세계경제에서 중국이 차지하는 비중이 커짐에 따라 EU의 통상정책에서 대중국 정책이 차지하는 비중도 커졌다. 국제질서에서 중국의 부상이 우선은 경제 · 통상 분야에서 나타나고 있어서 EU의 대중국 정책 또한 통상정책 분야에서 그 변화가 두드러지게 나타난다.

EU의 통상백서를 통해 살펴본 EU의 대중국 통상정책은 크게 ① 상호이익에 입각한 무역-투자 관계를 구축하고, ② 중국에 불공정 관행 개선을 요구하고, ③ 다자무역 규범을 통해 중국 내부의 개혁을 도모하는 것으로 요약할 수 있다. 2000년대 중반 이후 EU가 발표한 통상백서를 살펴보면 대중국 통상정책의 변화를 추적해볼 수 있다.

EU 집행위원회(European Commission, 이하 EU 집행위)가 2006년에 발표한 Global Europe은 EU가 역외국과의 포괄적 FTA 정책을 본격적으로 표방했다는 점에서 EU 통상정책에 있어 중요한 분기점이 된다.[03] EU 집행위는 시장 잠재력, 무역장벽의 수준, 제3국과의 FTA 추진 여부 등을 기준으로 EU의 FTA 상대국을 선별하였다. 성장 가능성이 높아 수출 증

03 European Commission, *Global Europe: Competing in the World*, COM(2006) 567 final(September 2006).

가가 예상되는 반면, 무역장벽이 높아 유럽 기업들이 시장 접근에 있어 어려움을 토로하는 국가를 선별하고자 한 것이다. 또한 글로벌 시장에서 미국 기업과 경쟁을 벌이고 있는 유럽 기업의 시장 접근성 개선을 위해 미국과 FTA를 추진하는 국가를 우선 대상국으로 보았다. 이에 따라 경제공동체로서의 ASEAN, 한국, 인도 등을 차세대 FTA 추진을 위한 상대국으로 거론했다. 당시 중국은 막대한 시장 잠재력과 높은 무역장벽을 지녔기에 EU의 통상정책에서 가장 우선순위의 대상국이었다. 반면에 EU는 상품시장의 관세 철폐뿐만 아니라 서비스, 투자, 정부조달, 그리고 노동, 환경 등의 규제 영역까지 포함하는 포괄적 FTA 체결이 목표였다. 중국의 경우 당시 WTO에 가입한 후 불과 몇 년이 안 된 상황이었고, WTO 체제하에 비(非)시장경제국이었기 때문에 EU가 염두에 둔 포괄적 FTA 대상국으로는 적합하지 않았다.[04] 이에 EU는 중국과는 우선 상호 이익에 입각한 동등한 파트너로서 공정한 무역 및 투자 관계를 구축하는 것을 목표로 하였다. 따라서 2006년 통상백서는 중국에 대해서는 지적재산권의 준수를 촉구하고, WTO의 정부조달시장 가입을 통해 조달시장 개방을 촉구할 것임을 목표로 정하였다.

Global Europe 전략을 발표한 지 4년 후인 2010년 10월에 EU는 새로운 통상백서를 발표했다. "무역과 성장, 세계문제(Trade, Growth and World Affair)"로 제목이 붙은 이 통상백서는 두 가지 측면에서 주목할 필요가 있다. 첫째, 세계경제는 2009년 글로벌 금융위기를 겪으면서 제2차 세계대전 이후 처음으로 마이너스 성장을 기록했다. 선진국 경제는 3% 이상

---

04 지금도 EU는 미국, 일본 등과 함께 중국에 시장경제국 지위를 부여하지 않고 있다.

의 마이너스 성장을 겪었는데, 특히 EU 경제는 2009년 −4.3%의 경제 성장률을 기록했다. 2010년에는 성장률이 반등했는데, 독일, 스웨덴 등 주로 대외 수출이 많은 국가가 회복세를 보였다. 이로 인해 수출이 경제 회복에 미치는 긍정적인 영향에 대한 인식이 더욱 커졌다. 둘째, EU는 2010년 5월 향후 10년간 추진할 중장기 성장 전략으로 Europe 2020을 발표했다. 이 전략은 스마트(smart) 성장, 지속 가능(sustainable) 성장, 포용적(inclusive) 성장의 3대 표어를 채택했는데, 이에 맞춰 다양한 정책 분야의 조정이 필요했다. 이후 발표된 통상백서는 Europe 2020을 통상 정책 분야에서 구현하기 위한 것이었다. 흥미로운 부분은 통상백서는 서문에 전 세계 경제성장에 관한 짤막한 전망을 언급했는데, 향후 성장의 90%가 EU의 역외에서 실현될 것으로 보았고, 그러한 성장의 절반이 중국 경제에 의해 이루어질 것으로 보았다. 그만큼 중국 경제의 확장성을 높게 평가한 것이다. 실제로 2010년 중국은 일본의 GDP를 따라잡으면서 세계 2위의 경제 규모를 갖게 되었다.

2010년의 통상백서에서 주목할 점은 중국의 불공정 관행을 본격적으로 지적하기 시작했다는 점이다. EU 집행위는 중국과 기준, 규제, 서비스, 투자 등의 분야에 대해 양자 협의를 추구하고, 중국의 정부조달시장이 개방에 역점을 둘 것임을 선언하였다.[05] 이 통상백서에서는 중국의 지적재산권 침해를 강력하게 비판했다. 가령 통상백서에 대한 보조자료(staff working document)에서는 지적재산권 보호 수준에 대한 통계를 제

05 European Commission, *Trade, Growth and World Affair: Trade Policy as a Core Component of the EU's 2020 Strategy*, COM(2010) 612(November 2010).

시하며, EU 세관이 적발한 침해 사례 중 중국발(發) 선적 물품의 비중이 64.4%에 이른다는 점을 지적했다.[06] 또한 EU 집행위는 중국의 외국 기업에 대한 기술 이전 강요, 원자재 수출 제한 조치를 지적하여, 불공정 무역의 원인이 되는 중국의 산업정책에 적극적으로 대응할 것임을 선언했다. 이와 같은 EU의 입장은 중국의 부상을 새로운 시장 개척의 기회로 보는 동시에, 중국을 '개발도상국'으로 간주하여 묵시해왔던 불공정 관행을 더는 좌시하지 않겠다는 것이다. 다만, EU는 양자 차원의 압박보다는 WTO 규범에 맞춰 중국의 자체적인 개선과 이에 맞춘 국내법제화를 요구했는데, 이는 다자주의를 중시하는 EU 대외정책의 성향이 반영된 것으로 볼 수 있다. 또한 2001년 WTO에 가입한 중국은 15년 후인 2016년에 비(非)시장경제국 지위를 획득하는 것을 기대하고 있었는데, 이러한 상황은 EU가 중국에 대해 소리 없는 압력을 행사할 수 있는 지렛대였던 셈이다.

2015년 EU는 다시 한번 새로운 통상백서를 발표했다. '모두를 위한 무역(Trade for All)'이라는 명칭의 통상백서는 EU 역내외의 새로운 통상환경 변화를 반영했다.[07] 첫째, 2014년 11월에는 장-클로드 융커(Jean-Claude Juncker)를 위원장으로 한 새로운 EU 집행위가 출범했다. 2010~2012년의 기간 중 EU가 '유로존 위기'로 지칭되는 전례 없는 체제적 위기에 봉착하면서 이후에는 그리스 등 일부 국가의 유로존 탈퇴

---

06 European Commission, *Staff Working Document Trade as a driver of prosperity*, Com(2010) 612(2010).

07 European Commission, *Trade for All: Towards a More Responsible Trade and Investment Policy*(October 2015).

가능성까지 거론되었다. 이를 수습하기 위해서는 우선 EU 회원국 간 정치적 결속을 강화해야 하지만, 이에 못지않게 긍정적인 정책 성과를 도출해내는 것이 필요했다. 다시 말해 "왜 EU가 필요한가?"라는 물음에 일반 시민이 피부로 느낄 수 있는 답변을 내놓아야만 했던 것이다. 둘째, EU는 당초 역외국과의 FTA 전략을 추진하는 데 있어 미국과 일본은 협상 대상국에서 제외했다. 그 이유는 양국이 모두 선진국으로 관세 수준이 낮아 FTA 등 별도의 무역협정을 통해 관세를 낮출 필요성이 적었기 때문이다. 결국 협상의 초점은 규제 수렴과 같은 비관세 요소에 맞춰지는데, 무역협정을 통해 규제 문제를 다루는 것은 매우 어렵다. 그렇다 보니 EU는 미국, 일본과 같은 선진국과의 양자 대화를 통해 주요 이슈에 대한 이견을 풀어간다는 입장이었다. 반면에 글로벌 금융위기 이후 통상정책에 대한 인식이 크게 변화하면서 2012~2013년의 기간 중 EU는 미국, 일본과 FTA를 추진하는 것으로 선회했다. 특히 EU-미국 간에 추진된 무역협정인 대서양무역투자동반자협정(Transatlantic Trade and Investment Partnership: TTIP)은 세계 통상질서에 큰 반향을 일으켰다. 당시 미국과 EU는 전 세계 경제의 절반을 차지했는데, 양국이 FTA를 체결하는 것은 그동안 구축해온 다자무역체제에 큰 변화를 줄 수도 있는 신중한 문제였다. 그런데 이 협정은 추진 과정에서 유럽 시민사회의 거센 비판에 직면했다. 글로벌 금융위기 이후 심화된 불평등 문제와 유전자조작식품, 환경오염 등의 이슈에 대해 유럽 시민들은 과거보다 더 민감한 반응을 보였다.

이러한 상황에서 2015년에 발표된 통상백서는 노동, 환경, 빈부격차 문제 등 규범적 문제를 과거에 비해 더 많이 포함하고 있다. EU의 통상정책에서 '지속 가능한 발전(sustainable development)'의 개념이 필수 불가결한 핵심요소로 포함된 것도 이때부터이다. 이러한 기조를 반영하여 대중국 통상정책도 포용적 방향으로 약간 변화했다. 2015년의 통상백서에서 EU 집행위는 다자무역체제에서 중국의 역할을 강조하고, 중국이 국제규범을 채택할 것을 유도하는 모습을 보였다. 이를 위한 중요한 기제로 EU-중국 간 투자협정의 체결을 제시했다. 실제로 EU-중국 투자협정은 오래전부터 그 가능성이 논의되어 왔고, 2014년부터 협상이 시작된 상태였다. 이 협정을 통해 EU는 외국인 투자자에게 불리하게 되어 있는 중국 내수시장을 개방하고, 중국의 규제개혁을 도모하고자 하였다.

격화되는 미-중 패권경쟁과 코로나19 사태는 통상환경을 급격히 변화시켰다. 경제적 효율성에 근거하여 확장되어온 글로벌 가치사슬(Global Value Chain: GVC)은 국제무역이 비약적으로 팽창하는 배경이 되었다. 반면에 무역분쟁의 형태로 나타나기 시작한 미-중 갈등은 세계화 속에서 중국을 한 축으로 확장되어 온 제조업 공급망에 제동을 걸기 시작했다. 또한 코로나19 사태는 글로벌 공급망이 보건, 재해 등과 같은 비경제적 리스크에 취약할 수 있다는 점을 처음으로 드러냈다. 이러한 상황에서 EU 집행위는 2021년 2월 통상 검토보고서(Trade Policy Review)를 발표했다.[08] 이 보고서는 제목이 "개방적이고, 지속 가능하며 단호한 통상정책(An Open, Sustainable and Assertive Trade Policy)"으로 다소 길었는데, 그 요체는 EU가 표방하는 '전략적 자율성(Strategic autonomy)'을 통상영역에서 구현하고자 한 것이다. EU 집행위는 새로운 통상전략을 제시하기보다는, 지금

08 European Commission, *Trade Policy Review: an Open, Sustainable and Assertive Trade Policy*(February 2021).

〈표 5-3〉 EU의 통상백서와 주요 내용

단계	2006년 통상백서	2010년 통상백서	2015년 통상백서
제목(부제)	글로벌 유럽 (세계에서의 경쟁)	무역과 성장, 그리고 국제문제 (EU의 2020 전략의 핵심요소로서의 통상정책)	모두를 위한 무역 (더 책임 있는 무역 · 투자 정책을 향하여)
기본 목표	· 경제성장률 촉진 및 일자리 창출 · 통합적, 전향적인 통상정책 수립을 통한 EU의 경쟁력 강화	· 스마트 성장, 포용적 성장, 지속 가능한 성장(Europe 2020과 연계) · 일자리 창출 강조 · 2006년 통상정책을 갱신(update)	· 효과적인 통상정책(서비스, 디지털, 인력 이동 등 가치사슬 고려) · 절차상의 투명성 제고 · 유럽의 가치 확산
정책 추진사항 (agenda)	· DDA 협상 · 대중국 무역 · 투자 관계 · 지적재산권 강화 전략 · 우선순위 국가와 차세대 FTA 추진 · 새로운 시장 접근 전략 · 해외조달시장 접근성 개선 · 무역 방어기제의 실효성 검토	· DDA 협상 · 적극적 FTA 추진 · 해외 비관세 장벽 철폐: 규제 수렴과 협력 추구 · 해외조달시장 접근성 개선 · 해외 투자정책 수립 · 해외 지적재산권 보호 강화 · 수출 규제조치 개혁	· 글로벌 가치사슬 반영 · FTA의 실효성 제고 · 통상정책 결정과정의 투명성 확보 · 지속 가능한 개발 · 다자협상체제를 재활성화 · 지역별 무역협정 추진
대WTO 통상정책	· EU 통상정책의 우선순위 분야임을 확인	· DDA 협상 지속 · 2011년 말까지 결론 도출 시도	· 재활성화를 주도 · 서비스협정(TiSA) 추진
대선진국 통상정책	· 협력 강화(규제 분야)	· 미국, 일본과 비관세 장벽 철폐 위주의 대화, 협상 진행	· 미국, 캐나다, 일본과 자유무역협정 추진
대신흥국 통상정책	· 차세대 FTA 추진(한국, ASEAN, 인도)	· 기존의 FTA 협상을 계속 추진	· FTA의 외연을 계속 확대
대중국 통상정책	· 상호 이익에 입각한 동등한 파트너로서 무역 및 투자 관계 구축 · 중국의 지적재산권 준수 및 정부조달시장 개방 촉구	· 기준과 규제, 서비스, 투자, 정부조달 부문 협상 · 지식재산권 보호 강화 · 수입대체, 기술 이전 강요, 원자재 수출 제한 등과 같은 중국의 산업정책에 대응	· 중국과 투자협정 체결 · 중국의 개혁과 개방 지원 · 다자무역체제에서 중국의 역할 강조

자료: European Commission(2006), European Commission(2010), European Commission(2015) 요약; 강유덕, "미국의 보호무역주의에 대한 EU의 대응과 대미 통상정책의 변화," 「통합유럽연구」 제10권 2집, p. 271.

까지의 통상정책을 점검하고 대외적 도전에 대응할 수 있도록 통상정책의 목표와 대상, 주요 이슈와 수단 등을 점검하고자 하였다. 특히 WTO 개혁, 그린딜, 디지털, 공정경쟁 등 6대 목표를 선정하였다.[09] 이 검토보고서에서 중국에 초점을 둔 맞춤형 통상정책을 발견하기는 어렵다. 반면에 기존의 통상정책을 전면 재검토하게 된 계기가 미-중 패권경쟁의 부상에 따른 것이라는 점, 통상정책에 경제 안보 이슈를 전면적으로 반영하기 시작했다는 점 등을 감안하면 EU의 대중국 통상정책이 더욱 강화되고 있음을 시사한다.

2) EU의 대중국 통상정책 사례

EU의 대중국 통상정책 중 구체적인 사례로는 2020년 10월에 도입된 외국인 투자 스크리닝(FDI Screening) 제도와 같은 해 12월에 체결된 EU-중국 간 포괄적 투자협정을 살펴볼 수 있다.

먼저 외국인 투자 스크리닝 제도를 살펴보면 그 배경은 다음과 같다. 2010년 이후 중국 국영기업들이 유럽의 첨단기술 기업에 대해 M&A를 실시하는 사례가 대폭 증가하였다. 기본적으로 FDI의 유입은 국내 경제에 고용 및 부가가치 창출, 생활 수준의 개선과 같은 긍정적인 효과를 갖고 온다. 따라서 많은 국가가 FDI를 유치하기 위해 심혈을 기울인다. 그

09 6대 목표는 다음과 같다. ① WTO 개혁, ② 녹색전환 지원 및 지속 가능한 가치사슬 촉진, ③ 디지털 전환 및 서비스 무역 지원, ④ EU 규범의 영향 강화, ⑤ 인접 국가 및 아프리카와 EU 간 파트너십 강화, ⑥ 무역협정 이행 및 집행 강화, 공정경쟁 환경 보장

런데 중국의 대EU 투자는 매우 독특한 정치 · 경제적 환경에서 급증했고, 이에 유럽인들은 점차 경각심을 갖기 시작했다. 가장 단적인 예는 중국의 가전업체인 메이디 그룹(美的集团, Midea Group)이 독일의 산업용 로봇업체인 쿠카(KUKA)를 매입한 사례이다. 쿠카는 1898년에 설립된 세계 4대 산업용 로봇업체로 독일을 방문한 오바마 대통령에게 메르켈 총리가 소개했을 정도로 기술력을 인정받은 기업이었다. 독일 정치권에서는 자국 기업이 중국 기업에 매각되는 것에 대해 반대가 심했다. 이에 메이디 그룹은 쿠카의 독립적인 운영과 중국 시장 진출을 확대하겠다는 약속을 통해 독일 정치권을 설득했고, 결국 2016년 쿠카에 대한 지분 86.5%를 확보하면서 인수를 완료했다. 이 사례는 글로벌 M&A 시장에서 큰손으로 성장한 중국 기업들이 미래 기술력 확보를 통해 유럽의 핵심기업들을 매입하는 상징적인 사건이다. EU 및 회원국 정부는 중국이 국영기업을 통해 유럽의 기술력을 M&A를 통해 확보하고자 시도하는 것으로 본다. M&A의 대상이 되는 유럽 기업들이 '중국제조 2025(中國製造 2025)'에서 선정한 10대 핵심산업과 일치하기 때문이다.

이러한 상황에서 2017년 독일, 프랑스, 이탈리아 정부는 외국인의 역내 투자에 대해 EU 차원의 검토 제도가 필요하다고 주장했다. EU 집행위는 이 주장을 전격적으로 수용하고, 바로 입법에 착수했다. 이렇게 EU의 규정(regulation) 형식으로 제정된 외국인 투자 스크리닝 제도는 발의된 지 18개월 만에 EU 이사회와 유럽의회의 검토를 거쳐 확정되었다. 흥미로운 점은 이 법안의 어디에도 중국(China)이라는 단어가 나오지 않는다는 점이다. 반면에 이 법안이 발의 · 시행된 직접적인 원인은 전적으로 유럽 기업에 대한 중국의 M&A 때문이다.

이 제도는 외국인의 직접투자를 제한하는 조치라기보다는 외국인 투자가 야기할 수 있는 보안 문제나 공공질서에 대한 잠재적 위협을 식별해내는 것이 목적이다. 개별 EU 회원국이 이미 지닌 스크리닝 제도를 최대한 활용하며, EU 집행위-회원국 간의 정보 교류를 극대화하는 일종의 협력 메커니즘이다. 주목할 점은 이 제도가 논의되기 시작한 시점부터 중국의 대EU 투자가 감소하기 시작했다는 점이다. 2016년 442억 달러로 최대를 기록했던 대EU 투자는 2019년에는 117억 달러까지 감소하였다.

EU-중국 간 포괄적 투자협정(EU-China Comprehensive Agreement on Investment: CAI)은 오랜 기간 협상이 진행된 EU-중국 간 타협의 산물이다. EU는 중국 내 외국인 투자자에 대한 차별적 행위, 중국 시장의 비개방성에 대해 끊임없이 비판해왔다. 이 문제를 해결하기 위한 수단으로 EU는 중국과 투자협정 체결을 추진해왔는데, 그렇다 보니 EU 측이 공세적인 입장이었다. 이 협상은 2014년 1월 이후 총 35회 진행되었고, 2020년 12월 30일 EU와 중국은 협상 타결을 선언했다. 협정문 전문이 아직 공개되지 않았지만, 총 9장으로 구성되며 EU가 지적해온 시장 접근성 개선, 공정경쟁, 투명성, 금융시장 개방 등을 포함한다. 또한 별도의 장을 통해 노동, 환경과 같은 지속 가능 발전의 이슈를 다루고 있다.

이와 같은 투자협정은 우선 상호 이득이 된다는 평가를 받고 있다. EU는 중국 시장에 대해 시장 접근기회가 대폭 강화되며, 중국은 미-중 패권경쟁 속에서 대외개방 기조를 천명하고, EU를 전략적으로 활용하는 지렛대를 확보할 수 있다. 특히 투자협정의 타결 발표가 2020년 11월 미국 대선 이후, 바이든 행정부 출범 전에 이루어졌다는 점에서 미묘한

〈표 5-4〉 EU-중국 포괄적 투자협정의 주요 내용

	장(chapter)	주요 내용
1	서문, 목적, 정의	· 세계인권선언, 유엔헌장, 환경, 노동권
2	시장 접근, 투자 자유화	· 네거티브 리스트 방식 · 차별 및 정량적 제한 폐지 · 제조업 및 서비스 시장 접근 확대
3	공정경쟁 분야	· 국유기업에 대한 상업적 조건 적용 · 강제 기술 이전 금지 · 보조금 투명성 확보
4	국내 규제	· 허가, 자격요건 절차 관련 투자장벽 폐지
5	투명성 및 표준	· 규제 및 행정의 예측 가능성 제고 · 반도체, ICT 분야의 표준 관련 개선
6	금융 서비스	· 금융 서비스 개방의 예외, 규율, 투명성
7	지속 가능한 개발	· 노동 및 환경협정 준수
8	국가 간 분쟁 해결	· 중재 패널 구성
9	제도, 최종 조항	· 협정 이행을 위한 감독 체제

자료: European Commission, "EU-China Comprehensive Agreement on Investment, The Agreement in Principle"(2020); 오태현 · 나수엽 · 김영선, "EU · 중국 포괄적투자협정(CAI) 합의 및 평가," 대외경제정책연구원, 오늘의 세계경제 21-02(2020).

해석을 낳았다. 미국으로서는 중국 견제를 위해 EU를 동반자로 삼는 데 지장이 있을 수 있다는 것이다. 반면에 EU 입장에서는 EU가 표방한 전략적 자율성에 부합하는 조치로 평가해볼 수도 있다.

이 투자협정이 언제 발효될 것인지에 대해서는 미지수이다. 협정의 발효를 위해서는 유럽의회의 동의가 필수적인데, 홍콩, 신장 지역의 인권 문제에 대해 유럽의회가 매우 비판적인 입장을 보이고 있기 때문이다. 특히 유럽의회는 인권 탄압과 관련하여 2021년 1월에는 EU의 제재를 촉구하는 결의안을 채택했고, EU는 3월에 신장 위구르 자치주의 소수민족 탄압에 책임이 있는 관리 4명과 단체 1곳을 제재했다. 이에 중국 정부는 유럽의회 인권위원회 소속 의원 5인에 대해 보복제재를 가했다. 5월에는 다시 유럽의회가 EU-중국 투자협정 비준을 동결하는 결의안을 압도적인 표 차로 통과시켰다. 일부 EU 회원국은 2022년 1월의 베이징 올림픽에 외교적 보이콧을 선언했다. 이러한 현실을 감안할 때 EU-중국 투자협정은 협정문이 완료된 상황에서 수년간 표류할 가능성이 크다. 이 협정의 발효는 양측의 투자 이익에 대한 균형 문제보다는 정치 문제에 의해 결정될 가능성이 더 크다.

3. EU의 대중국 통상정책과 그 특징

1) EU의 대중국 입장

EU 운영에 관한 조약(Treaty on the Functioning of the European Union: TFEU) 207조 1항은 EU의 통상정책에 대해 "EU의 대외적 행동의 원칙 및 목표의 범위 내에서 형성되어야 함"을 규정한다. 다시 말해 EU의 통상정책은 궁극적으로 외교 · 안보 등이 포함되는 대외정책의 일부가 되는 것이다. EU 집행위의 통상총국(DG Trade)이 발표한 2020~2024년의 업무계획서에서는 통상정책이 더 폭넓은 EU의 정책에 기여할 것임을 명시했다.[10] 이러한 점을 고려할 경우 EU의 대중국 통상정책을 이해하기 위해서는 우선 EU의 일반적인 대중국 정책기조를 이해할 필요가 있다.

EU의 대중국 정책은 시기에 따라 변화가 있었는데, 최근의 입장을 중심으로 살펴보자. EU 집행위가 발표한 대중국 전략보고서(Strategic Outlook)에 따르면 EU는 중국에 대해 절충적 입장을 갖는다. 중국은 "EU가 밀접하게 일치된 목표를 가진 '협력 파트너'이며, EU가 이해의 균형을 추구하는 분야에서의 '협상 파트너'이고, 기술적 리더십을 추구하는 분야에서의 '경제적 경쟁자'이며, 거버넌스에 대한 대안적 모델에 관한 '체제적 라이벌'"이다.[11] EU 집행위는 전략보고서를 통해 중국의 경제력과 정치적 영향력은 글로벌 강대국이 되겠다는 야망을 반영하여, 전례 없는 규모와 속도로 커져 왔음을 강조하고, 중국을 더 이상 개발도상국으로 간주할 수 없다는 점을 강조하였다.[12] 중국에 관한 EU 집행위의 입장 중 주목할 부분은 중국을 체제적 경쟁자로 묘사한 대목이다. 즉 중국에 관한 EU의 입장은 분야별로 협력 또는 협상, 경쟁, 라이벌의 형태로 나타나는 절충적 성격을 갖는다. 이와 같은 특징은 EU 지도부에 의해 수차례 공개적으로 언급되었다. 가령 폰데라이엔(Ursula von der Leyen) EU 집행위원장은 2020년 9월 유럽의회에서의 국정연설(States of the Union)을 통해서 중

10 European Commission, *Strategic Plan 2020–2024*, Directorate–General for Trade(2020), p. 8.

11 EEuropean Commission, *Joint Communication to the European Parliament, the European Council and the Council, EU–China–A Strategic Outlook, Strategic Outlook*, JOIN(2019) 5 final(March 12, 2019), p. 1.

12 *ibid.*, p. 1.

국이 협상 상대자, 경제적 경쟁자, 체제적 라이벌임을 다시 상기시켰다.[13] 기후변화 등 글로벌 이슈에 있어 중국과의 협력이 필수적인 반면, 양국 간에는 시장 접근성과 관련된 공정경쟁과 상호주의, 무역 불균형 등 경쟁적 측면의 문제가 있다. 또한 EU와 중국은 서로 다른 거버넌스와 사회체제 속에서 발전해온 반면, 민주주의와 개인의 권리는 보편적 가치이므로 홍콩, 신장 지역의 인권 남용 문제를 공론화하겠다는 것이 EU의 입장이다. 이와 같은 EU의 협력/경쟁/라이벌 관계에 입각한 절충적인 대중국의 입장은 미국의 대중국 정책, 특히 트럼프 행정부가 취한 입장과는 크게 다르며, 이후 바이든 행정부의 대중국 정책과도 차이가 있다. 우선 미국의 대중국 관계는 협력의 측면도 있으나, 기본적으로 패권경쟁의 성격을 띠기 때문에 전면적 대결 양상을 보인다. 반면에 EU의 대중국 정책은 기본적으로 경쟁적 입장을 취하되 경제적 이익을 최대화하고, 경우에 따라서는 협력을 도모하는 양상으로 나타난다. EU의 이러한 입장은 제3국과의 관계 형성에 있어 다자주의적 해결을 강조하는 EU 대외정책의 특징이 반영된 것이다. 또한 회원국으로 구성된 지역공동체로서 특징을 반영하는데, EU 회원국별로 중국에 대한 입장이 다를 수 있다. 중국 시장은 여러 EU 회원국 중에서 미국에 이어 2번째로 중요한 시장이며, EU-중국 간 산업 가치사슬을 감안할 때 중국 시장에 대한 원활한 접근성 확보는 산업과 고용에 있어 매우 중요하다. 이런 상황에서 한 회원국의 강경한 입장이 다른 회원국의 호의적 입장으로 중화될 수 있다. 즉 회원국 간의 치열한 논쟁과 합의를 거쳐 EU의 대외정책이 형성

13 Ursula von der Leyen, "State of the Union Speech," September 16, 2020.

되는 만큼, 특정 국가가 주도한 한쪽 방향의 강력한 정책이 수립되기 어려울 수 있다. 이러한 현상은 EU의 대중국 정책에 있어 통상 분야뿐만 아니라 외교 안보, 인권, 환경 등 다양한 분야에서 나타난다.

중국 또한 역으로 이러한 EU의 특성을 활용하는데, 대표적인 예는 중동부 유럽과 중국 간에 운영되어 온 16+1 협의체이다. 이 협의체는 중국과 중동부 유럽 국가 간에 형성된 연례 포럼으로 2012년 중국 외교부의 발의로 시작되었다.[14] 이 협의체에 참여하는 중동부 유럽 16개국은 대부분 EU 회원국이지만, 보스니아-헤르체코비나, 몬테네그로, 북마케도니아 등 비EU 회원국도 포함한다. 이 국가들은 중국에서 중앙아시아를 거쳐 서유럽에 이르는 중국의 일대일로(一帶一路) 계획의 길목에 위치해 있다. 중국은 일대일로의 연선 국가들을 대상으로 인프라 건설사업을 추진해왔다. 중국은 중동부 유럽 국가들 대상으로도 직접투자와 차관 제공을 통해 유사한 형태의 사업을 진행하였다. 주로 비셰그라드 4국 및 발트 3국과는 무역과 투자 확대를 통해 관계 구축을 시도하였고, 발칸 반도 국가들과는 국가 수준의 인프라 건설을 추진하였다. 유로존 위기와 같은 EU의 체제 위기와 재정 악화, 전반적인 긴축 분위기는 중국이 중동부 유럽에 보다 수월하게 접근할 수 있는 여건을 조성하였다. 첫 회동 후 10년 이상 경과한 16+1 협의체가 소기의 성과를 거두었는지에 대해서는 논란의 여지가 있다. 동 협의체에 참가한 중국과 중동부 유럽

14 16+1은 중국과 중동부 유럽 16개국 간에 형성된 협의체로 2012년 중국 외무부의 발의로 시작되었다. 16개국 중 11개국은 EU 회원국이다. 2019년에는 그리스가 참여하면서 17개국이 되었으나, 2021년 리투아니아가 협의체로부터 탈퇴를 결정하였다. 회원국: 중국, 11개 EU 회원국(불가리아, 크로아티아, 체코, 에스토니아, 그리스, 헝가리, 라트비아, 폴란드, 루마니아, 슬로바키아, 슬로베니아), 5개 발칸 국가(알바니아, 보스니아-헤르체고비나, 마케도니아, 몬테네그로, 세르비아).

국가들이 협의체에 대해 갖는 인식과 기대가 상이했고, 유럽 국가들 간에도 입장이 매우 달랐기 때문이다. 또한 동 협의체가 투자 및 차관외교로 대표되는 일대일로 계획의 연장선이었다는 점도 비판의 대상이다.[15] 반면에 이와 같은 중국의 전략은 대EU 정책에 있어 독특한 함의가 있음을 간과할 수 없다. 서유럽 중심의 EU 운영에 거부감을 보여온 중동부 유럽 국가들을 활용할 수 있는 중요한 통로가 되기 때문이다. 중국의 집중적인 투자 및 차관 제공 대상이 된 국가들의 경우 중국에 대해 친화적인 입장을 갖도록 유도할 수 있다. 즉 이 협의체는 EU 체제 밖에서 형성되었다는 점에서 서유럽 중심의 EU 운영에 거부감을 가질 수 있는 중동부 유럽 국가들의 입장을 중국이 활용하는 것으로 간주되어 왔다.

2) 통상정책을 통해 본 EU의 대중국 정책과 특징

대중국 통상 관계에 있어 EU는 중국에 대해 미국과 유사한 문제를 제기한다. EU 집행위의 업무 문서를 살펴보면 EU는 국영기업에 대한 수출보조금 등 중국의 불공정 행위를 비판하고, 중국 진출 외국 기업에 대한 중국의 차별적 관행과 외국 기업에 대한 기술 이전 강요에 대해 비판하는 한

15 동 협의체에 대한 가장 큰 비판은 다자협력체의 외형을 갖췄음에도 중국 중심의 양자협력에 치우쳐 있으며, 참여국별로 차별적인 경제교류가 이루어지고 있다는 점이다. 이무성, "중동부유럽 지역협력: C+CEEC16의 현황과 함의," EMRERICs 전문가오피니언(2018년 10월 8일); 김신규, "일대일로의 최종 관문역할?: 체코-중국 관계 전망," EMRERICs 전문가오피니언(2019년 4월 10일); 양평섭 외(2020), p. 239.

편, 중국의 유럽 기업 인수합병을 경계한다.[16] EU는 그동안 중국의 수출보조금 정책을 불공정무역으로 간주하고 지속적으로 문제를 제기하였다. 가령 EU는 미국, 일본과 함께 WTO 체제 내에서 중국을 시장경제로 인정하지 않고 있다.[17] 이에 따라 EU는 반덤핑관세의 부과 등 무역 보호 조치에 있어 중국에 대해 더 엄격한 기준을 적용한다. 또한 EU는 2020년 1월 미국, 일본과 함께 WTO 차원의 산업보조금 규제를 강화하기 위해 WTO 보조금 개정을 제안했다.[18] 이 조치는 중국을 겨냥한 것으로 중국의 보조금 지급에 따른 산업 경쟁력 강화조치를 3국이 명백한 불공정 행위로 간주한다는 것을 전적으로 보여주는 예이다. 또한 2020년 10월에 EU가 도입한 외국인 투자 스크리닝 제도는 본질적으로 중국을 견제하기 위한 것이다. 샤를 미셸(Charles Michel) 유럽이사회 상임의장은 EU-중국 정상회의 직후 기자회견에서 '유럽은 (중국 기업이 뛰기 위한) 운동장(playground)이 아니고 선수(player)'임을 강조했다.[19] 이 발언은 개방된 유럽 시장에 중국의 국영기업이 들어와 유럽의 핵심기업을 '쇼핑'하는 행위를 경계한다.

다만 EU는 대중국 통상정책에 있어 전면적 대결 양상을 불사하는 미

16 European Commission, *Commission Staff Working Document on Significant Distortions in the Economy of the People's Republic of China for the Purposes of Trade Defence Investigations*, SWD(2017) 483 final/2(December 20, 2017).

17 Laura Puccio, "Granting Market Economy Status to China: An Analysis of WTO Law and of Selected WTO Members' Policy," *European Parliamentary Research Service*(November 2015), p. 4; Bloomberg, "China Loses Market-Economy Trade Case in Win for EU and U.S., Sources Say," April 18, 2019, https://www.bloomberg.com/news/articles/2019-04-18/china-is-said-to-lose-market-economy-trade-case-in-eu-u-s-win(검색일: 2022. 3. 31).

18 European Commission, "EU, U.S. and Japan Agree on New Ways to Strengthen Global Rules on Industrial Subsidies," January 14, 2020, https://trade.ec.europa.eu/doclib/press/index.cfm?id=2101(검색일: 2022. 3. 31).

19 Charles Michel, "Press Conference, EU-China Summit," September 14, 2020.

국에 비해 다음과 같은 차이점을 보인다. 첫째, EU의 대중국 무역수지 적자는 계속 증가 추이를 보였으나, EU는 이를 과도한 불균형 문제로 해석하지 않고 있다. 산업 분야별로는 중국과 다수의 무역분쟁을 겪었으나, 미국과 같이 중국을 환율조작국으로 선정하거나, 중국의 대EU 무역수지 증가를 중국의 불공정 행위와 연계하여 이슈화하지는 않고 있다. 둘째, EU는 미국의 대중국 압박을 무역분쟁이 아닌, 양측의 주도권 싸움으로 파악한다. 미국은 무역 분야에서 중국의 불공정 행위에 대해 오랜 기간 문제를 제기해왔으나, 이 갈등은 통상 · 경제 분야에 제한되거나 이슈 중심인 경우가 많았다. 반면에 '중국제조 2025'를 계기로 중국이 추격경제에서 선도경제로 탈바꿈을 시도하자 그동안 미국이 제기한 불만이 쏟아져 나오는 계기가 되었고, 통상, 기술, 외교 안보를 망라한 주도권 경쟁으로 비화했다. 셋째, EU는 대중국 무역 문제를 해결하기 위해 중국을 최대한 다자무역 체계에 끌어들이고, 국제규범의 수용을 촉구함으로써 지적재산권, 환경 보호에 있어 중국의 내부개혁 유도, 국제규범 체제 안으로 끌어들이고자 노력하는 경향을 보인다. 이러한 방식은 트럼프 행정부에서 미국이 중국에 대한 고율의 관세부과를 통해 무역분쟁 문제를 해결하고자 했던 것과는 큰 차이가 있다. 결국 EU가 다양한 분야에서 글로벌 규범 제정자(rule-maker)로서 지니는 우위를 통상정책에서 활용하는 것이다. 이러한 맥락에서 EU는 다자무역기구로 WTO의 역할을 재확인하면서 중국의 불공정 행위를 차단하기 위해서라도 WTO를 개혁하고 본질적 기능을 강화해야 한다는 입장을 견지하고 있다. EU가 WTO 차원에서 산업보조금 규제를 요구하는 이유는 중국을 견제하기 위해 WTO 체제를 활용하는 단적인 예이다. 넷째, EU는 미국과 공조함으로써 대중국 통상 압력에 대한 공동전선을 형성하고, 대미 통상 갈등에 봉착한 경우에는 문제 해결을 위해 중국 이슈를 활용하는 경향을 보인다. 실제로 EU와 미국 간 협력은 바이든 행정부 출범 이후 더욱 강화되고 있다. 양측은 2021년 6월 무역기술위원회(Trade and Technology Council: TTC)를 설립했다. TTC는 과거에 존재했던 EU-미국 간의 경제협력체를 한층 강화한 것이다. 그런데 단순히 양측 간 무역 · 투자 활성화 등 상업적 목표를 추가하는 것이 아니라 첨단기술과 공급망 협력, 비시장국가에 대한 공동 대응, 투자심사 및 수출 규제에 관한 협력 등을 주요 의제로 포함한다. 즉 통상협의체의 외형을 갖추고 있으나, 사실상 통상과 기술안보를 결합한 경제 분야의 NATO 형성을 도모했다. 이와 같은 공동 대응에 가장 큰 영향을 미친 것은 중국의 부상이다. 따라서 TTC의 설립은 사실상 EU와 미국의 대중국 통상정책의 일부가 되는 셈이다. 한편 EU는 미국과 통상마찰이 발생할 때는 중국을 통해 우회적으로 미국을 압박하는 경우도 있다. 대표적인 경우는 트럼프 대통령 집권 이후 미국의 대EU 통상압력에 의해 발생한 긴장 관계이다. 당시 EU는 철강과 알루미늄에 대한 미국의 고율 관세 부과에 대해 맞대응을 선택했고, 이후에는 EU-중국 투자협정의 협상에 주력하는 모습을 보였다.

3) 신통상 이슈가 EU의 대중국 관계에 미칠 영향

최근 수년간 EU 통상정책의 가장 큰 특징은 통상정책이 노동, 환경, 공급망 등 사회적 영역의 이슈를 포함하면서 규범적 성격을 띤다는 점이다. 이와 같은 현상은 비단 EU의 통상정책뿐만 아니라 미국, 캐나다 등 주요 선진국의 통상정책에서 공통으로 발견할 수 있다. 기후변화, 노동, 인권 등 주요 국제 이슈에서 유럽이 갖는 소프트파워를 감안할 때 전 세계적인 통상정책의 규범화는 EU가 주도하고 있다. EU 집행위원회는 2020~2024년 통상정책의 주요 목표 중 하나로 그린 딜, 노동, 환경, 양성평등, 지속 가능 공급망 등의 이슈를 지목한 바 있다. 특히 EU는 자유무역협정에 '무역과 지속 가능한 발전(Trade and Sustainable Development)'에 관한 독자적인 장(chapter)을 마련하고, 통상정책에서 노동, 환경, 기업의 사회적 책임(CSR), 공급망 관련 문제를 관세 협상과 같은 등급의 이슈로 다루고 있다. 더 나아가 2019년 12월 EU 집행위원회가 발표한 유럽 그린 딜(European Green Deal)은 2050년까지 탄소 중립의 달성을 목적으로 선언했다. 이 계획은 얼핏 기후변화 대책으로 보이지만 사실상 패러다임의 대전환이다. 산업, 에너지, 교통, 농업, 공정 등 다양한 영역에서 관련 정책이 추진되기 때문이다. 통상정책은 이와 같은 그린 딜을 역외국가에 확대 적용 또는 확산시킬 수 있는 중요한 도구이자 통로이다.

EU의 통상정책 중 역외국에 대해 가장 큰 영향을 미칠 수 있는 세부정책은 탄소국경조정세와 공급망 실사, 그리고 외국 보조금 규제 조치이다. 첫째, 탄소국경조정세(Carbon Border Adjustment Mechanism: CBAM)는 역외국에 대해서는 탄소배출에 비례하여 세금을 부과하는 제도이다. 이 제도는 EU와 역외국 간의 온실가스 배출 비용을 조절하는 것으로, EU보다 온실가스 규제가 낮은 국가에서 생산된 제품에 대해서는 온실가스 배출 비용만큼을 인증서(CBAM certificate) 구매를 통해 부담하도록 하는 것이다. CBAM은 2023년부터 단계적으로 실시되는데, 2026년부터는 전면적인 실시를 예고하고 있다. 둘째, 공급망 실사(Due Diligence)는 기업이 자신의 공급망에 연결된 협력사들의 인권 · 환경 침해 여부를 조사하고, 침해 사실이 확인되면 이를 시정하며, 해당 시정 조치와 결과를 공시하는 것을 의미한다. 공급망 실사와 관련된 법안은 입법절차가 진행 중인데, 회원국 간 입장 조율을 거쳐 가까운 시일 내에 발효될 가능성이 매우 크다. 셋째, 외국 보조금에 대한 규제 조치는 외국 정부의 보조금 지급이 공정경쟁을 훼손한다고 판단하여 도입된 조치로 역외국 기업에 인수합병 금지, EU 공공조달 시장 참여 제한, 벌금 부과 등을 실시할 수 있다.

위와 같은 새로운 정책들은 EU의 대중국 통상정책에 있어 어떠한 의미를 가질 것인가? EU의 공식 문헌을 살펴보면, 환경 및 노동권 보호를 위한 EU의 통상정책이 중국을 대상으로 고안된 것임을 표명하고 있지는 않다. 반면에 기후변화 대응에 있어 중국의 협조가 꼭 필요하다는 점, EU가 지적해온 중국의 인권 문제 등을 감안하면 상당 부분은 중국을 염두에 두고 등장한 것임에는 의문의 여지가 없다. 또한 중국의 보조금 문제에 대해 EU가 매우 비판적 입장을 견지해온 점, WTO 체제에서 EU가 중국을 시장경제(market economy)로 인정하지 않고 있다는 점을 고려할 필요가 있다. 즉 강경한 조치를 통해 중국 정부가 보조금 관련 국내 규제를 개혁하도록 유도하는 것이다.

4. 결론

미-중 패권경쟁과 코로나19 사태, 러시아의 우크라이나 침공으로 국제질서는 크게 변화하고 있다. EU 체제 또한 다양한 대내외적 도전에 직면하고 있다. 이러한 상황에 대처하기 위해 EU가 내세운 정책비전은 '개방형 전략적 자율성(Open Strategic Autonomy)'이다. 다자주의 체제에 근간을 둔 자유무역, 세계화와 같은 개방 기조를 유지하되, 산업, 통상, 외교에서 고도의 전략적 대응과 자율적 노선을 채택하겠다는 것이다. 유럽은 북대서양조약기구(NATO) 등을 통해 미국과 안보 · 경제 협력을 강화하지만, 1~2위의 무역 상대국인 중국과의 관계도 신경 써야 하는 상황이다. 그렇다 보니 '친구(friend)' 또는 '적(foe)'이라는 이분법 대신에 다면적이고 중의적인 입장을 택했다.

이러한 '개방형 전략적 자율성'이 가장 잘 나타난 분야는 EU의 대중국 통상정책이다. 이미 세계 2위의 경제 대국으로 자리 잡은 중국을 견제하되, 전략적 경쟁을 통해 밀어내기보다는 다자주의 체제 속에 끌어들임으로써 중국의 내부 변화를 유도해낸다는 것이 EU의 일관된 입장이었다. 여기에는 중국 시장이 갖는 기회를 최대한 활용해야 한다는 나름의 계산과 앞으로는 중국의 불공정 행위를 묵시할 수 없다는 의지가 내포되어 있다. 반면에 외교 · 안보 측면에서 중국의 부상은 그동안 유럽에 익숙한 북대서양조약기구(NATO)를 통한 안보체제에 변화요인으로 작용하고 있다. 2020년 이후 EU는 인도-태평양 지역에 주목하고, 이 지역의 주요 이슈에 대해 입장을 표명하기 시작했다. 중국을 견제하기 위해 EU는 미국과 외교 안보 분야의 공조를 강화할 가능성이 크며, 우크라이나 사태는 그러한 필요성을 절감하는 계기가 되었다. 특히 통상 분야에서는 상업적 동기에 의해 추동되어 온 통상정책이 이제는 경제 안보를 중요시하는 방향으로 변화하고 있다는 데 주목할 필요가 있다.

향후 EU의 대중국 통상정책에서 주목할 점은 다음과 같다. 첫째, EU의 통상정책은 점차 노동, 환경과 같은 비전통적 통상 이슈를 포함하면서 규범화되는 경향을 보인다. EU는 환경, 노동 등 규범 분야에서 우위를 갖고 있으며, 이를 국내 산업정책과 대외 통상정책, 대외정책에 최대한 활용하려는 모습을 보인다. EU의 대중국 통상정책에서도 이러한 특징이 나타날 가능성이 크다. 둘째, EU에 있어 중국 시장의 개방은 유례없는 기회이기 때문에 EU-중국 투자협정을 발효하려는 노력이 계속될 것이다. 특히 중국의 서비스 시장과 정부조달시장 개방은 유럽 기업이 결코 포기할 수 없는 목표이다. 따라서 EU의 규범적 통상정책과 상업적 이익이 충돌하는 가운데 절충이 이루어질 가능성이 높다. 셋째, 중국의 대EU 투자, 코로나19 사태는 핵심기술의 가치사슬을 유럽 내에 보존해야 한다는 인식의 전환으로 작용했다. 특히 EU는 제조업 분야의 주도권이 아시아로 이동했다는 인식 속에, 산업 가치사슬을 유럽 내로 재편하려는 움직임을 보이고 있다. 이러한 복잡한 현실은 앞으로도 EU의 대중국 통상정책이 다면적 · 중의적 모습을 보이는 배경으로 작용할 것이다.

참고문헌

제1장 글로벌 통상환경 변화와 EU의 통상정책

김도연, "미리 보는 EU 신 통상정책", 벨기에 브뤼셀무역관, 2021. 1. 28.

김세원, "EU의 세계통상전략", 대외경제정책연구원, 2007. 12. 30.

김흥종 외, "신 통상정책에 나타난 EU의 FTA 추진전략과 시사점", 서울: KIEP, 2016.

강유덕, "대내 · 외 경제여건 변화에 따른 EU 통상정책의 변화", 서울: 한국외국어대학교 EU연구소, 2013.

산업통상자원부, "글로벌 공급망 재편과 한국 산업의 미래", 2021. 7. 21.

신원규, "디지털 대전환과 글로벌 통상환경의 변화," SW 중심사회(2021년 9월 호), 서울: 소프트웨어정책연구소(SPRi).

장영욱 · 오태현, "EU 신 통상정책의 주요 내용과 전망", 서울: 대외경제정책연구원, 2021.

박성준, "EU의 통상정책을 읽는 세 가지 키워드", 나라경제, 서울: KDI 경제정보센터, 2021. 4월 호(http://blog.naver.com/masalaaa/222339174549), 2021. 5. 5.

채욱 · 김세원 · 유재원 외, "선진통상국가 실현을 위한 중장기 통상전략 연구", 서울: KIEP, 2006.

Global Value Chain Development Report 2019(Technological Innovation, Supply Chain Trade, and Workers in a Globalized World), WTO, IDE-JETRO, OECD, UIBE, World Bank Group, 2019.

한경 경제용어사전, https://dic.hankyung.com.

EU의 공동통상정책, https://overseas.mofa.go.kr>be-ko>brd>down.

European Commission, "Trade Policy Review: An Open, Sustainable and Assertive Trade Policy", Luxembourg: Publication Office of the European Union, 2021.

Questions and Answers: An Open, sustainable and assertive trade policy, https://ec.europa.eu/commission/presscorner/detail/en/qanda_21_645(검색일: 2022. 3. 3).

European Parliament(2020. 9. 29), "Geopolitical implications of theCOVID-19 pandemic."

Pisani-Ferry. J.(2020. 9. 29), "Trump's international economic legacy," Bruegel Blog, https://www.bruegel.org/2020/09/trump-international-economic-legacy.

Stiglitz. J. E.(2017), "Globalization and Its Dicontents Revisited: Anti-Globalization in the Era of Trump," W.W. Norton & Company, 장영욱 · 오태현(2021) 재인용, IDC, 2020. 10. 29, https://www.idc.com/getdoc.jsp?containerId=prUS46967420&utm_medium=rss_feed&utm_source=Alert&utm_campaign=rss_syndication(검색일: 2022. 3. 18).

European Commission(2020), Strategic Plan 2020-2024, Directorate-General for Trade, p. 8, https://trade.ec.europa.eu/doclib/docs/2020/november/tradoc_159104.pdf(검색일: 2022. 3. 7).

https://eeas.europa.eu/delegations/south-korea/91986/panel-experts-confirms-korea-breach-labour-commitments-under-our-trade-agreement_en.

https://ec.europa.eu/presscorner/detail/en/ip_22_1145(검색일: 2022. 2. 15).

https://www.consillium.europa.eu〉press〉2022/03/15(검색일: 2022. 2. 15).

https://namu.wiki/w/2021년%20G7%20콘월%20정상회의(검색일: 2022. 2. 23).

https://ec.europa.eu/commission/presscorner/detail/en/ip_21_6642(검색일: 2022. 2. 17).

EC COM(2020) 102 final, p. 3.

제2장 EU의 대미국 통상정책

Akhtar, S. 2021, U.S.-EU Trade and Investment Ties: Magnitude and Scope, Current Politics and Economics of Europe, Vol. 32, Issue 2-3, pp. 279-287.

https://ec.europa.eu/trade/policy/countries-and-regions/countries/united-states(검색일: 2021. 11. 3).

https://trade.ec.europa.eu/doclib/press/index.cfm?id=2316(검색일: 2021. 11. 5).

Bown, C., Kolb, M., Trump's Trade War Timeline: An Up-to-Date Guide, Peterson institute for international economics(2021. 10. 4)(검색일: 2021. 11. 1).

Bown, C., Malmstrom, S.

https://www.cece.eu/industry-and-market/trade-policy/cece-and-the-eu-us-trade(2021. 9. 24)(검색일: 2021. 11. 3).

Euro area international trade in goods surplus 4.8 euro(bn)(5.0 bn euro deficit for EU)(2021 August)(Oct. 15, 2021).

European Commission, Latest Eurostat data on international trade(europa.eu). https://www.cece.eu/industry-and-market/trade-policy/cece-and-the-eu-us-trade(검색일: 2021. 11. 7).

Patel, O. and Lea, N.(2020), EU-US Privacy Sheld, Brexit and the future of Transatlantic Data Flows.

https://www.ucl.ac.uk/european-institute/sites/european-institute/files/privacy_shield_brexit_and_the_future_of_transatlantic_data_flows_1.pdf.

L. Johan Eliasson & Patricia Garcia-Duran(2020), The Saga Continues: contestation of EU trade policy, Global Affairs, 6:4-5, pp. 433-450.

The EU's Trade Policy Review and the five debates it triggers Written by Jodie Keane, Maximiliano Mendez-Parra, Dirk Willem te Velde(Feb. 19 2021).

https://www.piie.com/blogs/trade-and-investment-policy-watch/what-us-eu-trade-and-technology-council-five-things-you-need(검색일: 2021. 11. 9).

https://trade.ec.europa.eu/doclib/press/index.cfm?id=2312(2021. 10. 18)(검색일: 2021. 11. 11).

https://trade.ec.europa.eu/doclib/press/index.cfm?id=2298(2021. 9. 9)(검색일: 2021. 11. 14).

https://trade.ec.europa.eu/doclib/press/index.cfm?id=2297(2021. 9. 9)(2021. 11. 10).

https://www.cece.eu/industry-and-market/trade-policy/cece-and-the-eu-us-trade

Bown, C., Malmstrom, S. 2021. 9. 24.

김은영 · 이준원 · 민경실.「일-EU EPA 타결 및 시사점」,『Trade Brief』 21호, 2017.

김현정,「EU 신통상정책과 EU-아시아 경제협력-EU-일본 EPA 사례를 중심으로」,『통합유럽연구』, 제12권, 제2호, 2021.

김현정,「삼차원게임이론의 관점에서 바라본 유럽연합의 FTA 협상 전략 및 정치: 한-EU FTA와 EU-일본 EPA의 비교를 중심으로」,『국제지역연구』 제22권, 제2호, 2018.

김현정,「삼차원게임이론의 관점에서 바라본 유럽연합의 FTA 협상 전략 및 정치: 한-EU FTA와 EU-일본 EPA의 비교를 중심으로」,『국제지역연구』 제22권, 제2호, 2018.

김현정,「유럽연합의 지리적 표시 보호에 관한 협상 전략 연구」,『통합유럽연구』 제11권, 제2호, 2020.

김현정,「EU의 FTA 전략과 한-EU FTA 및 EU-일본 EPA의 쟁점 연구」,『세계지역연구논총』 38집, 1호, 2020.

김현정,「포스트 코로나19 이후 한국-EU 통상 협력 전망: FTA 내 신통상 이슈 및 비무역의제를 중심으로」,『한국과 국제사회』 6권, 3호, 2022.

김흥종 · 이철원 · 이현진 · 양효은 · 강유덕,『신통상정책에 나타난 EU의 FTA 추진 전략과 시사점』, 서울: 대외경제정책연구원, 2016.

이규엽 · 조문희 · 강준구 · 강민지,『국경 간 데이터 이동에 관한 국제적 논의 동향과 대응 방안』, 대외경제정책연구원, 2018.

장영욱 · 오태현,「EU 신(新)통상전략의 주요 내용과 전망」,『KIEP 세계경제포커스』, Vol. 4, No. 14, 2021.

조동희 · 오태현 · 이형근 · 이정은 · 김영귀,「일 · EU 경제동반자협정(EPA) 기본합의와 시사점」,『KIEP 오늘의 세계경제』 17권, 23호, 2017.

주벨기에유럽연합대한민국대사관, "[경제통상] EU-일본 EPA(경제동반자협정) 2. 1일부로 발효," https://overseas.mofa.go.kr/be-ko/brd/m_7566/view.do?seq=1320538&srchFr=&srchTo=&srchWord=&srchTp=&multi_itm_seq=0&itm_seq_1=0&itm_seq_2=0&company_cd=&company_nm=&page=1(검색일: 2021. 6. 10).

주벨기에유럽연합대한민국대사관, "[통상정책] EU집행위, 통상정책 발(2. 18)," https://overseas.mofa.go.kr/be-ko/brd/m_7566/view.do?seq=1335411&srchFr=&srchTo=&srchWord=&srchTp=&multi_itm_seq=0&itm_seq_1=0&itm_seq_2=0&company_cd=&company_nm=&page=1(검색일: 2021. 4. 10).

주벨기에유럽연합대한민국대사관, "[통상정책] 한국에 대한 EU 일반개인정보보호법(GDPR) 초기 적정성 발표(3. 30)," https://overseas.mofa.go.kr/be-ko/

brd/m_7566/view.do?seq=1335416&srchFr=&srchTo=&srchWord=&srchTp=&multi_itm_seq=0&itm_seq_1=0&itm_seq_2=0&company_cd=&company_nm=&page=1(검색일: 2021. 6. 10).

주벨기에유럽연합대한민국대사관, "EU 주간 포커스 제17호," file:///C:/Users/lw/Downloads/EU%20%EC%A3%BC%EA%B0%84%20%ED%8F%AC%EC%BB%A4%EC%8A%A4%20%EC%A0%9C17%ED%98%B8.pdf(검색일: 2021. 6. 20).

행정안전부 국가기록원, "범대서양무역투자동반자협정(TTIP)," https://www.archives.go.kr/next/search/listSubjectDescription.do?id=010013&pageFlag=A&sitePage=1-2-1(검색일: 2021. 4. 10).

Congressional Research Service, "EU Digital Policy and International Trade," March 25, 2021, https://sgp.fas.org/crs/row/R46732.pdf(검색일: 2021. 8. 25).

Europa Nu, "President Juncker at the 25th EU-Japan Summit," https://www.europa-nu.nl/id/vkq4no4piuyp/nieuws/president_juncker_at_the_25th_eu_japan(검색일: 2021. 4. 10).

European Commission, "2019 Annual Report on the Implementation of EU Trade Agreements," https://www.consilium.europa.eu/media/41263/2019-annual-report-on-the-implementation-of-eu-ftas.pdf(검색일: 2020. 12. 15).

European Commission, "20th EU-Japan SummitJoint Press Statement," https://ec.europa.eu/commission/presscorner/detail/en/MEMO_11_357(검색일: 2022. 3. 15).

European Commission, "Agreement between the European Union and Japan for an Economic Partnership ANNEX 14-A / ANNEX 14-B," http://trade.ec.europa.eu/doclib/docs/2018/august/tradoc_157234.pdf(검색일: 2018. 11. 24).

European Commission, "Communication 'An investment plan for Europe'," COM(2014).

European Commission, Global Europe: Competing the World, COM(2006)(European Commission, 2006).

European Commission, "EU-Japan Economic Partnership Agreement(EPA)-Meetings and documents," https://trade.ec.europa.eu/doclib/press/index.cfm?id=2042(검색일: 2021. 6. 10).

European Commission, "EU-Japan Strategic Partnership Agreement," https://eur-lex.europa.eu/legal-content/EN/TXT/?uri=LEGISSUM%3A4359401(검색일: 2022. 3. 15).

European Commission, "EU-Japan trade bounces back to pre-pandemic levels," https://trade.ec.europa.eu/doclib/press/index.cfm?id=2375(검색일: 2022. 3. 15).

European Commission, "European Union, Trade in goods with Japan," https://webgate.ec.europa.eu/isdb_results/factsheets/country/details_japan_

en.pdf(검색일: 2022. 3. 15).

European Commission, "Japan," https://ec.europa.eu/trade/policy/countries-and-regions/countries/japan(검색일: 2022. 3. 15).

European Commission, "Strategic Plan 2016-2020 DG Trade," https://trade.ec.europa.eu/doclib/docs/2016/august/tradoc_154919.pdf(검색일: 2021. 4. 10).

European Commission, "Trade: First year of the EU-Japan Economic Partnership Agreement shows growth in EU exports," https://trade.ec.europa.eu/doclib/press/index.cfm?id=2107(검색일: 2021. 4. 10).

European Commission DG Trade, "EU-Japan Economic Partnership Agreement," https://trade.ec.europa.eu/access-to-markets/en/content/eu-japan-economic-partnership-agreement(검색일: 2021. 11. 10).

European Commission, "The EU and Japan commit to a new Green Alliance to work towards climate neutrality," https://ec.europa.eu/clima/news-your-voice/news/eu-and-japan-commit-new-green-alliance-work-towards-climate-neutrality-2021-05-27_en(검색일: 2021. 6. 20).

European Union External Action, "EU-Japan Strategic Partnership," https://www.eeas.europa.eu/eeas/eu-japan-strategic-partnership_en(검색일: 2021. 6. 20).

European Union External Action, "The Partnership on Sustainable Connectivity and Quality Infrastructure between the European Union and Japan," https://www.eeas.europa.eu/eeas/partnership-sustainable-connectivity-and-quality-infrastructure-between-european-union-and_en(검색일: 2021. 6. 20).

Eurostat, "Europe 2020-Overview," https://ec.europa.eu/eurostat/web/europe-2020-indicators(검색일: 2019. 10. 15).

Eurostat, "Euro area international trade in goods surplus €6.3 bn," https://ec.europa.eu/eurostat/web/products-euro-indicators/-/6-18032021-bp(검색일: 2021. 4. 10).

Eurostat, "Japan-EU – international trade in goods statistics," https://ec.europa.eu/eurostat/statistics-explained/index.php?title=Japan-EU_%E2%80%93_international_trade_in_goods_statistics#EU_and_Japan_in_world_trade_in_goods(검색일: 2022. 3. 10).

Koichi Akaishi. "Japan–EU Economic Partnership Agreement/ Free Trade Agreement." http://www.kas.de/upload/dokumente/2015/01/150116_Praesentation_Akaishi.pdf(검색일: 2015. 12. 20).

KOTRA, "EU-일본 EPA 발효에 따른 유럽내 한 · 일 수출 경쟁여건 분석," Global Market Report 19-082(2019).

KOTRA, "EU, 일본 조달시장 폐쇄성 지적," https://news.kotra.or.kr/user/globalAllBbs/kotranews/list/2/globalBbsDataAllView.do?dataIdx=153151&colu

mn=&search=&searchAreaCd=&searchNationCd=&searchTradeCd=&searchStartDate=&searchEndDate=&searchCategoryIdxs=&searchIndustryCateIdx=&searchItemName=&searchItemCode=&page=125&row=100(검색일: 2021. 6. 10).

Sohpie Meunier, "Managing Globalization? The EU in International Trade Negotiations," Journal of Common Market Studies, Vol. 45, No. 4(2007).

Statista, "Japan's outward foreign direct investment(FDI) flows to the European Union from 2011 to 2020(in billion U.S. dollars)," https://www.statista.com/statistics/747770/japan-outward-fdi-in-the-european-union(검색일: 2022. 3. 15).

The Diplomat, "Japan and Europe's Triple Partnership: Parsing the new EU-Japan strategic, economic and digital agreements," https://thediplomat.com/2019/02/japan-and-europes-triple-partnership(검색일: 2022. 3. 15).

外務省, "日EU・EPA発効後の輸入統計の交換," https://www.mofa.go.jp/mofaj/ecm/ie/page24_001151.html(검색일: 2021. 4. 10).

外務省, 『日EU経済連携協定(EPA)に関するファクトシート』, 2017.

外務省, "日EU・EPA発効後の輸入統計の交換," https://www.mofa.go.jp/mofaj/ecm/ie/page24_001151.html(검색일: 2021. 4. 10).

外務省, "我が国の経済連携協定(EPA/FTA)等の取組," https://www.mofa.go.jp/mofaj/gaiko/fta/index.html(검색일: 2021. 11. 10).

経済産業省, "日EUデジタルパートナーシップ," https://www.meti.go.jp/english/press/2022/0512_004.html(검색일: 2021. 6. 20).

김홍종, “한-EU FTA의 경제적 효과와 분야별 현안”, 외교통상부 주최 『한-EU FTA 공청회』 자료집, 2006. 11. 24.

꼬레아페르, “한-EU FTA 발효 10주년 기념: 마리아 카스티요 페르난데즈 주한 EU 대사 인터뷰”, 꼬리아페르 110호, 2021. 7. 1.

박경진, “EU의 공정하고 공평한 통상정책에 대한 고찰: TDI와 CBAM을 중심으로”, 『국제경제법연구』 제19권 제2호, pp. 141-160, 2021.

방청록, “EU의 무역장벽규정이 한국의 통상환경 변화에 미친 영향 연구”, 『유럽연구』 제12호, pp. 67-88, 2001.

오태현 외, “코로나19 위기 속 주요국의 외국인투자 심사 강화와 시사점”, 『KIEP 오늘의 세계경제』, Vol. 20, No. 15, 2020.

유럽한국기업연합회 외, “EU 역외보조금규제 공동성명서”, 브뤼셀, 2022년 2월 15일, 2022.

외교부, 『EU개황』, 2020. 6.

한국무역협회 통상지원센터, “한-EU FTA 10주년 성과와 시사점”, 『KITA 통상리포트』, Vol. 14, 2011.

한국무역협회, “EU 통상위협대응 규정(안) 핵심내용 및 시사점”, 『EU Trade Brief』, 한국무역협회 브뤼셀지부, 2022. 2. 28.

한국무역협회, “EU 공급망실사지침(안) 주요 내용과 기업 사례”, 『EU Trade Brief』, 한국무역협회 브뤼셀지부, 2022. 5. 11.

Copenhagen Economics(2007), Economic Impact of a Potential Free Trade Agreement(FTA) between European Union and South Korea, 2007. 3.

Council of the European Communities(1994), “Council Regulation(EC) No 3286/94 of 22 December 1994 laying down Community procedures in the field of the common commercial policy in order to ensure the exercise of the Community's rights under international trade rules, in particular those established under the auspices of the World Trade Organization” Official Journal of the European Communities, No L 349/71, 31 December 1994.

Delegation of the European Union to the Republic of Korea, “The Republic of Korea and the EU”, 2016. 5. 10, https://eeas.europa.eu/delegations/south-korea/8789/south-korea-and-eu_en#Economic+and+Trade+Relations+with+the+EU.

European Commission(1994), “Towards an New Asia Strategy”, Communication from the Commission to the Council, COM(1994) 314 final, Brussels, 13 July 1994; European Commission(2001), “EU and Asia: A Strategic Framework for Enhanced Partnership”, Communication from the Commission to the Council,

COM(2001) 469 final, Brussels, 4 September 2001.

European Commission(2006), "Global Europe: Competing in the world, A Contribution to the EU's Growth and Jobs Strategy", Commission Staff Working Document, Brussels, SEC(2006) 1230, 4 October 2006.

European Commission(2020), Guidance to the Member States concerning foreign direct investment and free movement of capital from third countries, and the protection of Europe's strategic assets, ahead of the application of Regulation(EU) 2019/452(FDI Screening Regulation), C(2020) 1981 final.

European Commission(2020), "Strategic Plan 2020-2024", DG for Trade,

European Commission(2020), "White Paper on Levelling the Playing field as regards foreign subsidies", COM(2020) 253 final, Brussels, 17 June 2020.

European Commission(2021), "Communication from the Commission to the European Parliament, the Council, the European Economic and Social Committee and the Committee of the Regions: Trade Policy Review-An Open, Sustainable and Assertive Trade Policy", COM(2021) 66, 18. 2. 2021.

European Commission(2021), "Trade Policy Review: An Open, Sustainable and Assertive Trade Policy", Luxemburg: Publications Office of the European Union.

European Commission(2021), "Proposal for a Regulation of the European Parliament and of the Council Establishing a Carbon Border Adjustment Mechanism", COM(2021) 564 final, Brussels, 14. 7. 2021.

European Commission(2021), "Proposal for a regulation of the European Parliament and of the Council on the protection of the Union and its Member States from economic coercion by third countries", COM(2021) 775 final, Brussels, 8 December 2021.

European Commission(2021), "Strategic Dependencies and Capacities", Commission Staff Working Document, SWD(2021) 352 final, Brussels, 5 May 2021.

European Commission(2021), "Updating the 2020 New Industrial Strategy: Building a stronger Single Market for Europe's recovery", Communication from the Commission to the European Parliament, the Council, the European Economic and Social Committee and the Committee of the Regions, COM(2021) 350 final, Brussels, 5 May 2021.

European Commission(2022), "European Union, Trade in goods with South Korea", DG for Trade, https://webgate.ec.europa.eu/isdb_results/factsheets/country/details_south-korea_en.pdf.

European Commission(2022), "Proposal for a Directive of the European

Parliament and of the Council on Corporate Sustainability Due Diligence and Amending Directive(EU) 2019/1937", COM(2022) 71 final, Brussels, 23. 2. 2022.

European Parliament and Council of the European Union(2015), "REGULATION(EU) 2015/1843 of the European Parliament and of the Council of 6 October 2015 laying down Union procedures in the field of the common commercial policy in order to ensure the exercise of the Union's rights under international trade rules, in particular those established under the auspices of the World Trade Organization", Official Journal of the European Union, No L 272/1, 16 October 2015.

European Parliament and Council of the European Union(2021), "Proposal for a regulation of the European Parliament and of the Council on foreign subsidies distorting the internal market", COM(2021) 223 final, Brussels, 5 May 2021.

European Union(2011), "Chapter Thirteen: Trade and Sustainable Development", Free Trade Agreement between the European Union and its Member States, of the one part, and the Republic of Korea, of the other part, Official Journal of the European Union, L127, 14 May 2011.

European Union(2019), Regulation(EU) 2019/452 of the European Parliament and of the Council of 19 March 2019 establishing a framework for the screening of foreign direct investments into the Union, Official Journal of the European Union, LI 79/1.

European Union(2021), Regulation(EU) 2021/167 of the European Parliament and of the Council of 10 February 2021 amending Regulation(EU) No 654/2014 concerning the exercise of the Union's rights for the application and enforcement of international trade rules, Official Journal of the European Union, L49/1, 12 February 2021.

Pascal Lamy(2002), "Stepping Stones or Stumbling Blocks?: The EU's Approach Towards the Problem of Multilateralism vs Regionalism in Trade Policy", World Economy, Vol. 25, pp. 1399-1413.

강유덕, "미국의 보호무역주의에 대한 EU의 대응과 대미 통상정책의 변화," 『통합유럽연구』 제10권 2집, pp. 263-302.

김신규, "일대일로의 최종 관문역할?: 체코-중국 관계 전망," EMRERICs 전문가오피니언, 2019. 4. 10.

김우정, "中, 외국인 직접투자 저점 지나고 성장세 굳혀," 『KOTRA 해외시장뉴스』, 2009. 10. 30.

양평섭 · 이철원 · 나수엽 · 오태현 · 김영선 · 윤형준 · 강유덕, 『중국의 대유럽 투자와 유럽의 정책 대응』, 전략지역심층연구 20-01, 2020.

『연합뉴스』, "가상현실 체험하는 메르켈 손 잡아준 오바마," 2016. 4. 25, https://www.yna.co.kr/view/IPT20160426000100365(검색일: 2022. 3. 31).

오태현 · 나수엽 · 김영선, "EU · 중국 포괄적투자협정(CAI) 합의 및 평가," 대외경제정책연구원, 오늘의 세계경제 21-02, 2020.

이무성, "중동부유럽 지역협력: C+CEEC16의 현황과 함의," EMRERICs 전문가오피니언, 2018. 10. 8.

한재현 · 강지연, "글로벌 위기 이후 중국 해외직접투자의 동향 및 특징," 『국제경제정보』, 제2013-2호, 2013. 1. 18.

Bloomberg, "China Loses Market-Economy Trade Case in Win for EU and U.S., Sources Say," April 18, 2019, https://www.bloomberg.com/news/articles/2019-04-18/china-is-said-to-lose-market-economy-trade-case-in-eu-u-s-win(검색일: 2020. 9. 3).

engineering.com, "China Seeks to Join Top 10 Robotics Nations by 2020," July 26, 2016. https://www.engineering.com/story/china-seeks-to-join-top-10-robotics-nations-by-2020(검색일: 2022. 3. 31).

European Commission, Global Europe: Competing in the World, COM(2006) 567 final(September 2006).

European Commission, Trade, Growth and World Affair: Trade Policy as a Core Component of the EU's 2020 Strategy, COM(2010) 612(November 2010).

European Commission, Staff Working Document Trade as a driver of prosperity. Com(2010) 612(2010).

European Commission, Trade for All: Towards a More Responsible Trade and Investment Policy(October 2015).

European Commission, Commission Staff Working Document on Significant Distortions in the Economy of the People's Republic of China for the

Purposes of Trade Defence Investigations, SWD(2017) 483 final/2(December 20, 2017).

European Commission, Joint Communication to the European Parliament, the European Council and the Council, EU-China – A Strategic Outlook, Strategic Outlook, JOIN(2019) 5 final(March 12, 2019).

European Commission, "EU-China Comprehensive Agreement on Investment, The Agreement in Principle"(2020).

European Commission, Strategic Plan 2020-2024, Directorate-General for Trade(2020).

European Commission, "EU, U.S. and Japan agree on new ways to strengthen global rules on industrial subsidies," January 14, 2020. https://trade.ec.europa.eu/doclib/press/index.cfm?id=2101(검색일: 2020. 9. 3).

European Commission, Trade Policy Review: an Open, S ustainable and Assertive Trade Policy(February 2021).

Eurostat. https://ec.europa.eu/eurostat/data/database(검색일: 2022. 3. 30).

European Commission, "European Union, Trade in goods with China"(2022), https://webgate.ec.europa.eu/isdb_results/factsheets/country/details_china_en.pdf(검색일: 2022. 3. 30).

Hanemann, Thilo and Mikko Huotari, "EU-China FDI: Working towards Reciprocity in Investment Relations," MERICS Papers on China, No. 3(2018).

Michel. Charles, "Press Conference, EU-China Summit," September 14, 2020.

Puccio, Laura, "Granting Market Economy Status to China: An Analysis of WTO Law and of Selected WTO Members' Policy," European Parliamentary Research Service(November 2015).

Rhodium Group, Merics, Chinese FDI in Euriope: 2019 Update(April 2020).

Rhodium Group, Merics, Chinese FDI in Euriope: 2020 Update(June 2021).

von der Leyen, Ursula, "State of the Union Speech," September 16, 2020.

South China Morning Post, "Why China is investing heavily in Europe," May 15, 2016, https://www.scmp.com/comment/insight-opinion/article/1944491/why-china-investing-heavily-europe(검색일: 2022. 3. 31).

저자 소개

신상협 경희대학교 국제대학원

영국 런던정경대학교(LSE)에서 정치경제학(통상, 경제개발협력, 지역통합) 박사학위를 취득했다. 현재 경희대학교 국제대학원 통상협력학과 교수, 경희대학교 국제지역연구원 유럽연구소 소장으로 재직 중이다. 한국유럽학회 학회장(15대), 유럽연구 편집위원장, 국제개발협력학회 학회장(6대, 7대), 학교법인 대우학원 이사, 경희대학교 총장실 정책위원장, 미래정책원 원장, 테크노경영대학원 원장 등을 역임했다. 유럽경제, 통상정책, 지역경제통합, 개발협력 분야 전문가로 활동 중이다.

김연준 충북대학교 경제학과

올버니 뉴욕주립대학교(State University of New York at Albany)에서 경제학 석사, 미주리대학교 컬럼비아캠퍼스(University of Missouri-Columbia)에서 경제학 박사학위를 취득했다. 현재 충북대학교 사회과학대학 경제학과 교수로 재직 중이다. 주요 관심 분야는 유럽과 미국 지역경제, 금융, 환경, 생산성, 통화정책 등이다. 다수의 논문을 〈Global Economic Review, The Journal of Contemporary European Studies〉, 〈Review of International Money and Finance〉 등 국내외 학술지에 게재했다.

강유덕 한국외국어대학교 LT학부

프랑스 파리정치대학(Sciences Po)에서 경제학 박사학위를 받은 후 대외경제정책연구원(KIEP) 연구위원, 유럽팀장을 역임했다. 현재 한국외국어대학교 LT(Language and Trade)학부 교수로 재직 중이며, 주로 국제무역, 유럽연합(EU)의 경제정책에 관한 강의를 하고 있다. 주요 관심 분야는 통상정책, 경제통합 및 유럽경제에 관한 비교연구이다. 산업통상자원부와 대한무역투자공사(KOTRA), 대한상공회의소 등에 자문활동을 해왔으며, 현재 국제학술지 〈Asia-Pacific Journal of EU Studies〉의 공동편집인을 맡고 있다.

방청록 한동대학교 국제어문학부

서강대학교를 졸업하고 영국 헐대학교(University of Hull)에서 유럽정치경제학 석사, 버밍엄대학교(University of Birmingham)에서 정치학 박사학위를 취득했다. 현재 한동대학교 국제어문학부 국제지역학 전공 교수로 재직 중이다. 한국유럽학회 학회장, 외교통상부 통상교섭본부 통상전문관, 옥스퍼드대학교 방문학자, 학교법인 한나라학원 이사장, 한동대학교 기획처장, 교무처장, 한동교육개발원장, 창의융합교육원장 등을 역임했다. 유럽통합과 유럽연합(EU) 대외정책, 한-유럽 관계 분야의 전문가로 활동 중이다.

김현정 동아대학교 국제전문대학원

동아대학교에서 국제학 박사학위를 취득했고, 현재 동아대학교 국제전문대학원 교수로 재직 중이다. 대표 논문으로 "포스트 코로나19 이후 한국-EU 통상 협력 전망: FTA 내 신통상 이슈 및 비무역의제를 중심으로", "지역경제협력체의 글로벌 공급망 안보 측정 및 전략에 관한 논의: EU 및 CPTPP의 사례", "유럽안보에 대한 중국 위협요인과 유럽의 대응", "유로존 위기를 통해 본 이중 속도 유럽에 관한 논의: 비셰그라드 그룹을 중심으로" 등이 있다. 주요 관심 분야는 국제정치경제 및 유럽지역 연구이다.

EU의 통상정책

초판1쇄 인쇄 2022년 10월 24일
초판1쇄 발행 2022년 10월 31일

지은이 신상협 외 4인
펴낸이 한균태
책임편집 최정미
디자인 정서영

펴낸곳 경희대학교 출판문화원
주소 서울시 동대문구 경희대로 26
전화 02-961-0106~8
팩스 02-961-0291
설립 1960년 9월 16일 제5-8호
등록 1977년 11월 8일 제6-5호
홈페이지 www.khupress.com
전자우편 press@khu.ac.kr

ISBN 978-89-8222-735-6 (93320)